庫

夜中にジャムを煮る

平松洋子著

新潮社版

9320

●目次

I

台所でかんがえる

II 鍋のなかをのぞく

III わたしの季節の味

Ⅳ

いっしょでも、ひとりでも

本文デザイン　島田　隆
写真　日置武晴

夜中にジャムを煮る

I

台所でかんがえる

こんなものを食べてきた

アドバルーンが青い空にぽっかり浮かんでいる。赤と白の縞《しま》もようだ。「特別大安売り」。でかい文字がゆうらゆうら、のんきに揺れている。

路地の角に赤い郵便ポスト、道の脇にどぶ。日が傾きかけたころ、流しの紙芝居屋が鳴らすラッパの音、外灯のオレンジ色がぼわあっと滲《にじ》む。夕餉《ゆうげ》の食卓に並ぶのはごはんと味噌汁《みそしる》、魚の煮つけ、卯《う》の花炒《い》り、なすの漬物。翌朝、ランドセル背負って駆け出しながら振り向いたら、朝陽を浴びたアドバルーンはちゃんとそこに浮かんでいて、安堵《あんど》した。

昭和はうれしい時代だった。そしてうれしい場所だった、ことに昭和三十年代の台所は。

せがむと、母がチキンライスをこしらえてくれた。日曜日は格上げしてオムライス。ときどきポテトサラダ。カレーライス。ハヤシライス。クリームシチュー。

「またオムライス？　しょうがないわねえ」

けれども、弾んでいるのは母もおなじだった。

なかでも、家族みなが有頂天に酔うひと皿があった。それがスコッチエッグだ。ごろんとまな板にのせた焼きたての茶色の玉を、妹とふたり母の腰の右と左にへばりついて、にらむ。母が包丁を入れると、まっぷたつに割れてゆで卵の黄身と白身が現れる、その鮮烈。

「うわ」

迫力にたじろぐ。皿に盛れば盛ったで、かけたケチャップの赤がなまなましい。意味がわからないぶん、スコッチエッグの名前の響きが耳に甘い。そのうち有頂天もだんだん色褪《あ》せていったけれど、昭和のいっとき、スコッチエッグは食卓の夢だった。

昭和にはたくさんの夢があらわれた。そのうえ、目の前でほんとうになったのである。そして家のなかを、台所を変えた。

「三種の神器」のひとつ冷蔵庫は、三十年代半ばにはフリーザーがつき、電気自動炊飯器にはタイマーがついた。夢がじっさいに、ごはんを、おかずを変えたのである。その様子の一部始終を、わたしは三歳下の妹といっしょに固唾《かたず》を飲んで眺め、そして食べた。

スコッチエッグのつぎはマカロニグラタンになり、スパゲッティ・ナポリタンになり、餃子《ギョーザ》になり、酢豚になった。デパートの食堂のショーウィンドウの前で、「今日はなんでも好きなものを頼んでいいぞ」。手をつないだ父がおごそかに言い渡すと、遊園地にいるよりどきどきした。留守番をした日、妹とふたりでおこづかいを出し合い、テレビのＣＭで観《み》たインスタントラーメンをこそこそ買いに行った。レタスやアスパラガスを初めて食べた――あたらしい毎日を、夢中でおなかのなかにおさめていた。

いっぽう、ずっと変わることのない味があった。それが、母がこしらえる巻きずし、ちらしずし、いなりずし。

毎年繰りかえし巡り来る、おひなさま、秋祭り、誕生日、遠足。その前夜になると、決まっておなじ情景を台所で目にした。水に浸した干ししいたけ。ことこと小鍋《なべ》で煮含めるかんぴょう。薄切りの酢ばす。〆《しめ》たさわら、または小鯛《だい》。三角の袋にして甘辛く煮たお揚げ。翌朝になれば、薄焼き卵。でんぶ。えび。いの一番に起きだして割烹《かっぽう》着《ぎ》の袖《そで》に手を通し、くるくる立ち働く母の背中にはせわしなさと緊張が張りついており、声を掛けるのもはばかられた。

「ちょっと来て。早くおてつだい！」

途中、おおきな声で呼ばれる理由は知っている。飯台《はんだい》にすし飯をあけたら、うちわでぱたぱた扇《あお》ぐのがわたしの役目だ。しゃっ、しゃっ、母がしゃもじで切るように混ぜる。つーんと鼻をくすぐる酢の香り。にわかに台所が華やぐ。

「ハイ休まないっ、もっとちから入れてっ」

「うん」

腕のだるさをこらえながらこっそり見上げた母は、鼻息が荒かった。ひそかに気づいていた。割烹着の袖のゴムを食いこませて忙しく動く母の手が、「たのしい」と弾んでいる。

こんなに手間がかかるのに、なにがたのしいのだろう。うれしいのだろう。なぜ年に何度も、母はわざわざ面倒なものをいやがりもせずこしらえるのだろう。てきとうにやっているのに毎度おなじ味になるのはどうしてなのだろう――「不思議」は、高校生になってもずっと続いた。

しかし、不思議だなどと気楽なセリフを吐いているわけにはいかないときが訪れた。大学生になって親元を離れて暮らしはじめたとたん、放り出されたのは暗澹《あんたん》の海だ。

巻きずしなんか夢のまた夢。味噌汁もふろ吹きだいこんも魚の煮つけも、ひとりになったらまるで手が出せない。これほどあっさりお手上げになるとは。驚きとあせりで呆然《ぼうぜん》とした。

昆布だしとかつおだしの使い分けがわからない。魚を煮つければ、身がぐずぐずに崩れる。厚焼き卵はスカスカだ。なすの煮びたしに味がしみていない。どれもこれも幼い時分からなじんだ味なのに、ひとりでつくろうと思えば指のあいだをするりと抜け、どこか遠いところへ去ってしまう。こんなはずではなかった。

（いままでの十八年がないことになってしまう）

どうにか挽回《ばんかい》しなければ。あせって巻き返しを図り、イタリアのスパゲッティを買いに走ってストップウォッチ片手にアルデンテにゆで、外国の雑誌と首っ引きでミネストローネを煮こみ、白ワインにどんぴしゃりの鶏《とり》のトマト煮をこしらえた。

（ほう、あたしだってなかなかじゃないの）

母をらくらく越えた気分になり、悦に入った。ところが問屋はかんたんに卸してはくれなかった。子どもを持ったら、あっさり逆もどり。

食べたいときに食べるのではない。毎日つくるのだ。

あたりまえのことに戦慄《せんりつ》した。つくらなければ食べられない。たったいま自分がつくらなければ生きていけないちいさいひとが目のまえにいる。鼻高々のアルデンテがすっ飛んだ。

胸の奥深くだいじにしまっている真冬の夕暮れがある。二歳の娘を保育園に迎えに行った帰りのことだ。いったんおさまっていた雪がふたたび激しく舞いはじめ、自転車の椅子《いす》に座った娘に右手で傘をかざし、左手でハンドルを握って押しながら横なぐりの雪道をのろのろ進む。両手がまっ赤にかじかみ、耳が凍る。積もった雪が背後でどさりと落ちる音にびくつく。ようよう帰りついたら、寒さと緊張から解放された娘が、火がついたように泣きだした。

「ごはんちゅくってよう。かあたんおなかちゅいたよう」

台所に駆けこんで湯を沸かし、ふと鏡に映った自分の顔をのぞいたら、頭のうえにまっ白い雪が一センチぶん降り積もっていた。笑いたかったが、そのかわりに泣いた。すこしずつ、ほんのすこしずつ、食べることとつくることが近づいていったのは、それからずいぶん歳月が重なってからだ。

食べることはたのしいけれども、つくるのはたのしくなるための滅私奉公にすぎないと思っていた。しかし、どうやらちがう。春のキャベツと秋のキャベツはべつの味で、おなじ冬でも節分の時分になれば、白菜もねぎもぐんと甘さが跳ね上がる。だいこんの肌もむっちりきめこまかい。そうか、季節のなかにつくるたのしみがこまやかに潜んでいるのだ。季節が橋渡しされる日々ののりしろの内がわにもまた、おなじように。正月がくれば、見よう見まねでこしらえた栗《くり》きんとんや黒豆、ごまめ、たたきごぼうの味に一喜一憂した。そして、いっしょによろこんだりがっかりしたりする家族の顔が隣にあった。


「ねえ、わたしの味って、なんだと思う」

十年まえ、おそるおそる聞いてみたことがある。

「ええとおれはカレーだな。スパイスをいろいろ使ってつくってくれるカレー」

「あたしはね、ベトナムの豚肉の煮たの、あれすっごく好き」

ちょっと待ってほしい。それってありなの。せっせと自分でつくっておきながら、インドとベトナムにお株をうばわれた気分がして、がっくりきた。

「あのさ、わたしの味ってどういうの」

半年まえ、また聞いてみた。

「思いきりのいい味。潔《いさぎよ》い味。たとえば崩した豆腐にざく切りの香味野菜をどっさり

6歳、チキンライス
（レシピ P. 265）

こんなものを
食べてきた
（P.010）

15歳、ちらしずし（レシピP.265）

ひなまつり、
秋祭り、誕生日。
満艦飾のちらしずしに
家じゅうが沸き立った。
昭和のあのころ。

18歳、鶏のトマト煮（レシピP.264）

29歳、三色弁当（レシピP.264）

わたしの
だし取り物語
（P.072）
豚バラ肉のだし
（レシピP.263）

せりの卵スープ（レシピP.262）

沖縄の煮しめ（レシピP.262）

豚バラ肉で一石二鳥！　だしを取ったあとは、お楽しみがどっさり待っている。

神亀
手造り純米酒
シンカメ
清酒
2004(平成16)酒造年度 醸造
瓶貯蔵・低温熟成
小笹屋
おざさやたけつる
竹鶴
純米原酒
賀茂郡大和町産雄町全量使用

飲みたい気分
（P.050）

海苔の和えもの（レシピP.263）

焙り揚げ（レシピP.263）

きゅうり甘酢（レシピP.263）

夏はやっぱりカレーです

（P.181）

なすのグリーンカレー （レシピP.257）

じゃがいものスパイシーな煮っころがし （レシピP.256）

すべてのカレーはスパイスに通ず。ごはんでもパンでも麺でも。辛さぴりり、夏の食欲をかきたてる。

ぴしり、塩かげん
（P.084）

焼き野菜（レシピP.260）

塩ひとつで、料理の味は
がらりと変わる。
揚げ浜式の塩、
天日塩、岩塩。
塩のつぶつぶが、
素材のうまみを
ぐっと引き立てる。

今日は何も食べたくない（P.228）

（P.228）

煮干し

ナッツとドライフルーツ

海苔たまそうめん（レシピP.251）

食べたくない日は
無理をしない。
ありあわせですませると、
気分がいい。つくっても、
たったひと手間だけ。
鍋も絶対ひとつだけ。

炭を熾す
（P.216）

冬の昼下がり、ふと
思い立って餅など焼いてみる。
ぷくーっ。
炭火のぬくもりに手をかざす。

のっける料理があるだろ。たとえば、ああいうの」

「そうね、ダイナミックな味。気持ちがこもってる味。食べることはたのしいと教えてくれた味。もしおかあさんの味の経験と記憶がなかったら、あたしは顔つきも話すこともかんがえることもぜんぜん違う別人になってた」

昭和のあのころ。つくるたのしさを日々たっぷり受け取ってきた。食べるたのしさをたくさん蓄えつづけた。それをこんどは自分がつくるたのしさに変えて、ゆっくりとよろこびに引き寄せてきたのである。

よろこびがふくよかにふくらんだのは、食べること、つくることとの距離がじわじわ縮まり、ひとつに重なり合っていったからだ。ただ食べるだけでも、ただ台所に立ってつくるだけでも、自分の味を育てることはむずかしい。

けれども、すこしばかりしょんぼり肩を落とす。わたしは、巻きずし、いなりずし、ちらしずしをめったにつくらない。いや、ほんとうを言えば、わざと避けてきた。母の味に水を差すのが憚《はばか》られたと言えば、聞こえがいい。自分だけのたからものを壊すまいと守ってきたと言えば、都合のよい言いわけが過ぎて恥ずかしい。とどのつまり、四季折りおり巻きずしやいなりずしやちらしずしをこしらえ続けた、そのつよさに怯《おび》えていた。畏怖《いふ》して腰が退《ひ》けていた。

ふつうのひとの、ふつうのつよさ。そこから紡《つむ》ぎ出されるものが、いつなんどきつくっても決して変わらない味なのだろう。そのひとの味なのだろう。昭和という時代は、日々のうれしさを杖《つえ》にして、なんでもないふつうのつよさを鍛えた。

ただし、とも思い直す。そんなつよいものが奔流のように一本、自分のからだのなかにも流れこんでいるからこそ、わたしはベトナムやインドや韓国やタイのさまざまなひとびとの味をせつじつに親しく味わうことができる。あの昭和の台所は、ベトナムの台所にもタイの台所にも、つまりどこの台所にも通じているのだ。

そろそろわたしも巻きずしやいなりずし、ちらしずしをつくりたい。秋が深まる朝、久しぶりに母に電話をかけた。明日こしらえるつもりのちらしずしの具の種類をひとつひとつたしかめながら、思わず口をついて出た。

「やっぱりちらしずし、ずいぶん手間がかかるね」

すかさず母が言った。

「今日の夜はよく休みなさい。そうしたら、味のことがよくわかるから」

一拍置いて、励ますように母は続けた。

「だいじょうぶ。つくっていると、きっとたのしくなるから」

漆と別れる、出合う

わたしは最初から漆となかよしだったわけではありませんでした。それどころか、ずっと漆を遠巻きにして、その周辺をぐるぐる回っていた。

というのも——。

初めて漆の椀《わん》に触れたときのことは、よく覚えていない。なにしろ、気がついたら手のなかにあった。しかし、それは年にたった数度のことで、たとえば年越しそばを食べ終えて台所仕事がひと段落した大晦日《おおみそか》の夜更《よふ》け、母は椅子《いす》の上に乗ってつま先立ち、吊《つ》り戸棚の奥からおもむろに箱を取り出した。そこには薄紙で包まれた大ぶりの雑煮椀が並んでおり、取り出す母の手つきにかすかな緊張感がまとわりついていたのを、わたしは昨日のことのように思い出す。

特別なうつわだったのだ。

お正月の雑煮、三が日のおせち。雛《ひな》祭りのちらしずし。お彼岸のおはぎ。法事の煮《に》染《し》め。卒業式の赤飯……四季折々、丸い椀と四角いお重を覆《おお》う静かな光沢が目前に現れるたび、こどもの胸の奥にも興奮の波がざわついた。

日常を変えてしまううつわというものがある。そのことを、わたしは漆のうつわに教わったのだった。

昭和三十九年春、小学校の入学式から戻ってきた私にとって、食卓の上に鎮座する赤飯のお重は晴れがましい勲章であった。または、大人を恨んで唇を噛《か》んだのも漆のお重である。初潮を迎えたわたしに、母はお赤飯をこしらえてお重に詰め、祖母の家に持たせたのだった。「あのう、これ」。いっそ道中で捨ててしまいたかった風呂敷《ふろしき》包みを差し出しながら、わたしは焼けるような羞恥《しゅうち》に震えた。

こんなふうに漆には、生きていく道々のさまざまな折ふし、非日常の高揚した感情が否応《いやおう》なく刻まれていった。うれしくて、誇らしくて、こそばゆくて、恥ずかしい。しかしながら、いつも漆に貼《は》りついているそんな「特別さ」が、わたしにはどことなしうっとうしかった。

(つもりがないのに、神輿《みこし》に担《かつ》がれて祭り上げられちゃったんだよ)

意外な漆の愚痴を聞いたように思われてはっと膝《ひざ》を叩《たた》いたのは、ずいぶん大人になってタイを訪れたときだった。

漆は「ジャパン」と呼ばれて日本の専売特許のように扱われているけれど、それは室町末期にやってきた宣教師たちが勝手にそう呼んだだけのことだ。そもそも漆の木は中国大陸からインドシナ半島に至るまで、照葉樹林文化圏に広く繁茂している。メコン川流域つまりベトナム、ミャンマー、タイ、ラオスあたりを歩けば、あちこちでいろんな漆工芸に出合う。

わたしがバンコクの骨董屋《こっとうや》で「いいなあ好きだなあ」とみとれたのは、ミャンマーの漆器《しっき》である。タイやミャンマーの漆器は竹を編んだ素地の上に漆をほどこす籃胎《らんたい》漆器だが、がさっと漆を厚く丈夫に塗り重ねた様子には、それまで見知っていたあの微妙な「特別さ」の匂《にお》いは見つからなかった。

素朴といえば聞こえはよいが、いや決して粗雑というのでもない、竹と漆の文化が手を組んで生み出したアジアの気候風土のかたち。単純明快な雑器の健康ぶりがなんともたくましかった。おや、ちょっと待てよ。かんがえてみれば、日本で漆が使われ始めた縄文時代だって、おなじだったのではないか。漆の木の幹を掻《か》いて採った樹液を塗り重ねれば、木地《きじ》は水も漏らさず、割れにくく丈夫で腐らない。何千年も前から、漆はそもそもミラクルな天然コーティング剤なのだった。

そうか。そうだったのか。漆はつるつるぴかぴか一点の曇りなく光っていなくたって、きんきら豪奢《ごうしゃ》な蒔絵《まきえ》や螺鈿《らでん》なんかなくたって、ちっとも構わないんだな。そうだよ、日本の漆はお大名やお姫さまや豪農に囲われちゃって、蔵に幽閉されちゃったきりの置き土産が、お大事に祭り上げられてしまったままの「特別さ」。

日本に戻ったわたしは、つぶやきました。

(ほんとうのところは、お重も雑煮椀も神輿の上でうんざりしているのじゃあないの?)

さんざん走り回って探し出したのは、溜塗《ためぬ》りの椀であった。二十代の終わり、それが初めて自分で買った漆の椀である。

ミャンマーの漆器にがつんと打たれてから、「なんでもない漆」「ちっとも特別じゃない漆」、ずっとお題目のように唱え続けていた。そして見つけたのは個性のないのが取り柄のような五客一万円也で、その選びかたには、ハレの日におもむろに登場する雑煮椀やお重にへばりついたナニカを剝《は》ぎ取ってしまうのだという意気ごみに満ちていたかもしれない。

味噌汁《みそしる》。炊《た》き込みごはん。そば、うどん、そうめん。小どんぶりにもポタージュにも、もうなんにでも使った。えいとばかりお雑煮にも使い回してみたが、なんてことはない、いつもの見慣れた椀が新年の祝い膳《ぜん》さえ平気でこなしてしまった。

二年、三年、五年……気がついたら漆は、神輿の上からするする降りてきた。とん、と地面に足をつけた瞬間、安堵《あんど》のため息のひとつも吐きながら、ぽろりとこぼした科白《せりふ》が聞こえる気がした。

（肩の荷が下りてなんだかさっぱりしちゃったよ）

ちょうどそんな時分だった、漆芸家・夏目有彦《ありひこ》さんの漆に出合ったのは。

夏目さんは国立民族学博物館の教授でもあり、足繁《あししげ》くアジア各地を訪れて漆の修復も手がけた。今さらながらに思う。あのミャンマーの漆工芸はもちろんのこと、アジアあちこちの漆の歴史文化はさまざまにその手の中に宿り、つくりだすものに脈々と生かされていたのだ。

さて、夏目さんの漆は根来塗《ねごろぬり》である。根来塗に出合って、わたしは朱という色に宿るただならぬ気配を初めて知った。

鎌倉から室町時代にかけて興隆した紀州・根来寺。秀吉によって一山が灰燼《かいじん》に帰するまで、夥《おびただ》しい数の僧院や僧坊を増やして寺領を広げ、ついには僧俗合わせて二万人以上を山中に抱える一大宗教都市が形成された。根来塗は、ここで僧たちの手によってつくられ、日常に使われた什器《じゅうき》や仏器《ぶっき》である。中国や朝鮮半島の文化を柔軟に取り入れ、往時の先端をいく寺院で生まれた塗りものはたっぷりとおおらか、簡素で力強く、無駄をはぶいた実用本位の堅牢《けんろう》さ。使いこむうち少しずつ朱漆が擦れてゆき、濃度を蓄えた赤の深みの淵《ふち》から漆黒の景色が滲《にじ》んで浮かび上がる——これが根来塗だ。

夏目さんの根来は、伝統の手法を引き継ぎながら、さらに刷毛目《はけめ》の剛胆さと繊細さを与えたものである。みずから木地を挽《ひ》き、丹念に黒漆で下塗りを繰り返したのち、最後にたった一度だけ、満身の集中力を刷毛に託して引く朱漆。椀の肌を走る鮮やかな朱の足跡は、夏目さんの堂々たる体躯《たいく》から発せられる詰めた息ひとつ、まざまざと蘇《よみがえ》らせる。

ひと目でこころをつかむ不思議なうつわだった。漆が醸《かも》し出すおさまりを崩す、刷毛目の勢いの破調。しかし、激しいばかりではない。刷毛目の筆致の向こう側からほんのり明るい優しさが滲む。根来の手法でアジアの造型を生かす、それは、夏目さんの天性のなせる技であった。

まず最初に蓋付大椀《ふたつきおおわん》。次いで通い盆。栗刳貫黒漆鉢皿《くりくりぬきくろうるしばちざら》。天目茶椀《てんもく》。夏目さんの漆に出合ってから五、六年の間、ひたすら使いながら次の個展を待ち、新たな作を求めては使い続け、さらに一年後の次作を待ち侘《わ》びた。

振り返って思う。肩の荷が下りてさっぱりしたのは、逆にわたしのほうだったのだ。

ちっとも知らなかった、漆がこんなに気楽な相手だったなんて。

熱いものでも、冷たいものでも、なんにでも。オリーブオイルとにんにくと唐辛子のパスタも、火傷《やけど》しそうな煮えばなの味噌汁も、じつのところ盛ってはいけないものなどなにもなかった。手に持つ。汁も飯も煮物も盛る。唇を触れる。水で、ぬるま湯で洗う。布巾《ふきん》できゅっと拭《ふ》く。乾かす。しまう……ごく当たり前の日常茶飯を繰り返す、すなわち毎日使い続けて手の脂《あぶら》や水の潤《うるお》いを与えることが最良の手入れなのだった。

漆にとって最も残酷な仕打ちは、使いもせず放ったまま、湿度を奪って乾燥させてしまうこと。後生大事に祭り上げているつもりでも、本当のところは戸棚の奥で「さみしいよう」。涙に暮れているわけです。

二十年ぶんから解放されるには、おなじだけの二十年が必要だったようだ。最初は「夏目さんの根来」であったのに、ただひたすらに使い続けてようやっと、ただの漆とただの使い手になった。なんの因果か、わたしにとっては、そんな面倒な手続きが必要だったのである。

けれども、別れは唐突にやってきた。

夏目さんが亡《な》くなったという知らせを、突然耳にした朝。いつもの炊きたてのごはんにぼろぼろ音をたてて涙が落ち、湯気のなかで米の白が滲んだ。

掌《てのひら》には椀だけが残された。

そしてそのときのわたしには、まさか想像できるはずもなかった。数年のち再び、新たな別れがやってこようなどとは——。


二度と漆の刷毛を持つことはなくなってしまった夏目さんの天目茶椀のひとつが木《こ》っ端微塵《ぱみじん》に砕け、もとの姿をすっかり失った。五つそれぞれ毎日順繰りに使い続け、みな微妙に表情を変えながらゆっくりと育っていく途中だった。根来の赤と黒が次第に馴染《なじ》み合い、おだやかに呼吸を整えていく様子をつぶさに眺めて暮らしていたのに。

結局は、ひとの手に預けた自分が悪い。テレビ局のスタジオの片隅にいっとき放りっぱなしにされた茶椀は、近くでつまずいたひとの全身をもろに受けてぐしゃりと潰《つぶ》れてしまった。しかし、不注意をなじるのはお門違いだった。それほど大切なものを自分の目の届かないところに置いてしまったのだ、後悔もせつなさも怒りも、すべての感情は自らの不甲斐《ふがい》なさ情けなさに戻ってゆく。けれども——。

ひととおなじように、ものにも別れかたというものがある。漆の茶椀とのあいだに築かれていったのは、薄紙を一枚一枚重ねるようにゆっくりとした確かな関係なのだった。ほかのひとの手もとにあったとしたら、触れ方も拭き方の強さ弱さも違うのだから茶椀はまるきり別の変化を見せたに違いない。それを、漆はわが身を使いながら教えてくれたのである。そんな唯一無二《ゆいいつ》の関係をいきなりぶちりと鉈《なた》でぶった切られ、さよならも言えなかった。

運命という言葉を持ち出したくなるのは、こんなときだろうか。破片を前にしてうろたえたままのわたしを残して、茶椀はあるひとのもとに繕いに出された。すがたがひとつ消え失《う》せた現実を、ようよう自分なりに受け容《い》れかけた半年後。再び茶椀は手もとに戻ってきた。

期待に胸高鳴らせて、包みに手をかける。目に馴染《なじ》んだ根来の赤と黒が紙の間から一瞬のぞき、にわかになつかしさが広がる。そして椀がすがたを現し、わたしは硬直した。

これを繕いというなら、それは違うと突き返すほかない。悪戦苦闘してようよう組み立てたと見える破片は、毒々しい金ですべての継ぎ目を繋《つな》ぎ合わせ、「繕われて」いた。見てはいけないものを見てしまった動揺に凍りつき、力なく紙包みにくるみ直した。

ああ、だから別れかたというのは大切なのだ。

もののすがたの美しさも醜悪さも、ひとの手がつくる。五百年前、紀州の山中・根来寺で生まれた独自の漆は僧たちによって生み出された。現代の根来塗のひとつのかたちは、長野・楢川《ならかわ》村で終生の仕事に取り組んだ漆芸家によって引き継がれた。そして、使うことによって漆の風合いに磨きをかけるのもひとの手なら、微塵に壊してしまうのもまた、ひとの手なのだった。

茶椀ひとつにぎりぎりを見せられた気がしていた。ようやく漆との邂逅《かいこう》を果たしたつもりでいたけれど、足もとはふらついていたということだろうか。

はっとして思い出した。漆の木は、傷ついた口を塞《ふさ》ぐために、樹液を滴《した》らせて周辺を覆《おお》い、懸命に自らを癒《いや》そうとする。しかし木の幹にはいつまでも、えぐり掻き切った深い傷跡が生々しく残り続ける——。

どんより低く垂れこめた鈍色《にびいろ》の空に、白い雪が舞っている。冷ややかな空気の内側には冬の湿度がたっぷりと含まれており、能登《のと》の春はまだしばらく先のようである。

輪島市三井町内屋《みいまちうちや》ハゼノキ。アテの樹林をくぐって車を走らせていくと、山のなかにぽつんと一軒の家が現れる。漆師《ぬし》、赤木明登《あきと》さんの住まいと工房だ。二十代の終わり、東京の出版社を辞めて輪島に移り住み、輪島塗の下地職人として四年の年季奉公が明けてひとりだちしたのち、水道も電気も自分で引いてつくったその家である。今では一家五人、二人の弟子を抱える。

わたしが赤木さんの漆を知ったのは、十年ほど前のことだ。年季明けわずか数年、しかしながら、輪島塗の伝統技法を基本にしたその作風には、産地はおろか国境や時空間さえ超えようとする独自の審美が見てとれた。

「使える漆器をこそつくりたい」。実用に狙《ねら》いを定めたそのうつわには、シンプルだが、迸《ほとばし》るようなつくり手の言葉が溢《あふ》れていた。しかし、それは当然のことだろう。じっさい、赤木さんの漆は、和洋はおろか用途さえも超えてしまっていた。パンでも、ごはんでも。朝に味噌汁をよそい、おやつにアイスクリームを盛り、その夜にシチューを盛っても、たとえ摘んだ緑を活《い》けても、まるで違和感がない。そして、つるんと白いヨーロッパの磁器の隣にも、すました顔をしておさまった。

漆《ジャパン》の囲いのなかになど留まろうとしない、ただの魅力的なうつわ。それは、ついに漆が開けることができた次の世代の新しい扉のように映る。そこに自分も漆との何度めかの仲なおりを重ねてみたくて、わたしは能登行きの飛行機に乗ったのだった。

「変化していないとみなに言われますが、この十年で僕の塗りものはずいぶん変わりました。とても静かになったと思います」

赤木さんは自分のつくるものを「塗りもの」と呼び分ける。「塗りもの」はお勝手で使われるもの、床の間や座敷に置いて飾ってあるものは「漆器」。「螺鈿《らでん》や蒔絵《まきえ》、沈金《ちんきん》など加飾をほどこしたハレの『漆器』は特別なものとして技術が磨かれてきましたが、ふだんに使う『塗りもの』の技術はいったん廃《すた》れたも同然でした」

輪島に自分の仕事を見いだしたとはいえ、だから、赤木さんはずいぶん悩んだ。

「ただ木地を丈夫にするためだけなら、ほかに素材はたくさんある。では、なぜ漆を使うのか。それに、数回塗り重ねれば実用には事足りるじゃないか……かんがえるほどわからなくなっていきました」

丹念に削った木地になぜあれほど手のかかる下地作業をほどこすのか。木地に布や紙を着せて補強し、磨き、生漆《きうるし》を何度も重ね塗り、地研ぎをし、中塗《なかぬり》をほどこし、乾燥を経てようやく上塗《うわぬり》に進む。いざ完成してしまえば見えない部分にこそ、大半の作業が費やされる――無地の漆、加飾をほどこさない漆、日常の漆塗を選んだ赤木さんは、最も複雑で煩雑《はんざつ》な下地作業に自分なりの意味を発見したいと苦闘した。そして、そののち。

「実用のためだけなのではない。地道な下地仕事は、じつは漆の造形をつくり出す上で加飾の役目も果たしているのではないか」

すとんと腑《ふ》に落ちた。

赤木さんは言う、「塗りもの」をつくることは木を丈夫にするためだけじゃないんです。漆は、憧《あこが》れや欲望、喜び、幸福感、使うときそんな感情をふくらませるでしょう？　だって漆の表面にはなんともいえない深さがある。呪術《じゅじゅつ》的と言ってもいいかもしれない。そこに気づいたひとは、どこか漆に幻想をこめたくなるのかもしれないですね。

「漆は赤と黒の色だけ。でも、じつはその向こう側に無限の色の粒がある。その無限のなかに、これと決めた漆の色、つまり自分を見つけていく作業なのだと感じます」

何百年何千年、みなこうして自分の漆を追いかけてきたのだろう。紀州の山中でも、長野の楢川村でも、ここ輪島でも、そしてミャンマーでもタイでも。

工房の大きなガラス窓の向こう、昨夜からずっと雪が舞い続けている。漆の木が、冬の終わりの嵐《あらし》のなかで大きく揺れ動く。四季折々、こんな木々のざわめきも「塗りもの」のなかにきっと入りこんでいる。

「漆の仕事はとても単調で、一日、一週間、一ヶ月ずっと塗り続けます。深く仕事に入ると、夕方までふっと記憶がなくなっていることがある。手はずっと動いているのにね。そういうとき、あ、こういう時間のためにこの仕事を選んだのかな、と思えるのです」

あのね、たとえば漆じゃなくて、たこ焼き焼いてても、そんなふうに感じると思いますか。

「思うんじゃないかな。それが好きだったら」

それが好きだったら。わたしは、その簡潔な言葉の深さに打たれる。

失われてしまった夏目さんの根来《ねごろ》の椀にあれほど寂しさ哀《かな》しさを募らせたのも、それが夏目さんが心底好きでつくり出したものだったからだ。そして、このわたしもかけがえなく好きだったからだ。つまり、すべてが無償なのだった。

夏目さんが逝《い》く二年ほど前だったろうか。銀座の個展会場で、夏目さんと交わした短い会話がある。

「あそこに置いてある大きいの、僕の骨壺《こつつぼ》にいいなと思っているんです。ふだんは花入れにしたり、ものを入れたりしてそこらに転がしておいて」

「それ、誰かにおっしゃいましたか」

「ううん、誰にも言ってない」

大きなからだを揺すって目を細め、夏目さんはいたずらっぽく楽しそうに笑った。

ふっくらまるみを帯びた十本の太い指には、爪《つめ》のあいだに黒い漆が深く深く染《し》みこんでいた。

飲みたい気分

「ねえ飲みにいかない」

夕暮れどき、ナミちゃんが突然誘いの電話をかけてきた。きのうの話だ。けれどもあいにく仕事に行く手をはばまれて叶《かな》わず、一日過ぎてなおくやしい気分があとを引いた。

さて本日、晴れてひと仕事かたづけおおせ、折しもうららかな早春の昼下がり。

（こんな昼間にイッパイ飲んだら気持ちいいだろうな）

のどかな光が誘惑する。よし決めた！

手に握ったのは我が家の酒「神亀《しんかめ》」のカップ酒。続けて台所の棚の奥から探し出した牛肉の大和煮の缶詰。とっさに思いついてゆでた春キャベツ。以上三品バッグに放りこみ、自転車にまたがって駘蕩《たいとう》のただなかへ漕《こ》ぎ出す。

ぱこっ。カップ酒のふたの開く音の朗らかなこと。缶詰とキャベツをいっしょに並べて、公園のベンチでおとなのピクニックのはじまりだ。待ってましたとカップ酒にくちびるを寄せ、つつー。うまいっ。
甘露が口中に流れこむ。そのとたん、ふわあとからだの芯《しん》が緩んだ。
緑萌《も》え、花は五分。風は凪《な》いで百千鳥《ももちどり》。大和煮の煮しめた牛肉をつまみにカップ酒、春キャベツが甘い。こんなときつくづく思う、ああおとなになってよかったな。

お陽さまの下や電車に揺られてのんびり啜《すす》るカップ酒もとびきりだが、ずしりと持ち重りのする一升瓶の頼りがいもすばらしい。わが長年の友は「神亀」と「竹鶴《たけつる》」、どちらも純米酒。酒は憂《うれ》いを払う玉箒《たまばはき》というけれど、憂いだけではありません。おいしい食事をたのしみたいから、なごみたいから、うれしいことがあったから、すとんと眠りにおちたいから。理由を見つけ出しては、いや理由などなにもなくても、ふんわり緩みたいときに一升瓶に手を伸ばす。

とはいえ、一升瓶そのままではおもしろくない。おとなはここでおもむろに片口とぐい飲みを持ち出すわけです。

日永になれば、酒のおさまりどころは片口だ。冬が終わると、徳利で燗《かん》をつけるのはおしまい。常温のまま味わいたくなるからとく、とく、とく、片口へ移し直す。溜《た》まった酒のおもてに小波《さざなみ》が揺れて光り、風情《ふぜい》ひときわ。おもむろにもういっぽうの手を添え、すいと傾け杯に注ぐ。たちまち勢いを得て注ぎ口から走る清流。と、ふいに片口を起こし直せば、ぴしりと流れがキレる——卓のうえにそんな片口があれば首尾は上々、絶好の水先案内人を手に入れたもおなじである。

さておつぎは杯である。この選択が意外にむずかしい。

割烹《かっぽう》料理店や居酒屋で、種々雑多にざるやかごに取り合わせたぐい飲みが差し出されることがある。これが苦手だ。自分のぶんひとつを選ぶのにあれこれ迷って時間を費やしては周囲に迷惑、さりとてぴたりとくるものがかならず見つかるかといえばそうもゆかず。しょうがないからせっつかれた気分のまま手早くひとつ手に取ってみるのだが、ではそれで飲みたかったかといわれれば……。だって見栄《みえ》も微妙にからんでいるの。ちまちま注ぐ手間がうっとうしいから大きいぐい飲みを選びたいのが本音。いやそれじゃあミもフタもないだろうと気取って、きゃしゃな杯をつまみ上げちゃったりして、いっそ、「これでお飲みなさい」と、ひとつに定めてあてがわれるほうが気がらくである。

いっぽう、自分のうちで手にする杯なら、迷うことがすでにたのしい。ひとつずつ集めたなかから気ままに選び出すのだが、最大の選択基準は風情と大きさ、これだ。

さらには片口との相性。飲みたい気分との相性。料理や肴《さかな》との相性。さまざまな相性をはかり、ぴたりとその日の気分をかたちにできたらしめたもの。

片口から注いだ酒がぐい飲みのなかでたっぷり揺れると、幸せいっぱいだ。一週間まえ唐津《からつ》を旅したとき、路肩で目にした看板の文字に思い出し笑い。

「注意一秒、けが一生。焼酎《しょうちゅう》一升二千円」

千円札わずか二枚でこの世の極楽が待っているわけです。

酒はひとをおおらかにしてくれる。だから、些細《ささい》なことがむやみにうれしくてたのしい。

生まれて初めて酒を口にしたのは高校二年だ。父が喉《のど》を鳴らしておいしそうに飲み干すビールの味が知りたくて、酒屋が運んできたケースからこっそり一本抜き取り自分の部屋で開けた。その想像を超えたまずさもまた初めての味で、ふたくち飲んで夜中に洗面所でどぼどぼ流して中身を捨てた。

それなのに、どういう次第でカップ酒や一升瓶やワインや泡盛がだいじなおともだちになったかといえば、まずは酒の味わいを知るにつれということなのだろうが、と同時に消え入りたい恥や宿酔《ふつかよ》いの苦しみにもたっぷりまみれている。しかし果報もまたそれなり。酒をおいしく味わうためのおとなの知恵だけはたっぷりとついた。

どんな酒も、肴ひとつで美酒に跳ね上がる。とはいえ、贅沢《ぜいたく》をしようというわけではない。酒に合いさえすれば手近なものでいいの。

塩豆。ぽりぽりかりかり、軽快な合いの手を打つ。うるめいわし。嚙《か》むほどに身や骨からうまみが滲《し》み出て、座持ちのよさは天下一品。たたみいわし。でしゃばらず酒の味をじゃましない。漬けもの。ほどよく熟成した軽い酸味が、日本酒の味わいの奥にあるほのかな酸味と呼応する。どんな酒にもぴたりと合うチーズといえばミモレット。オリーブもなかなかの相性だ。あり合わせの気に入りを冷蔵庫の棚から取りだしてうつわにのせる。量はいらない、ちまちまと二つ三つあれば、それでじゅうぶんだ。

酒の肴はおいしすぎてはいけない。あくまで主役は酒なのだ。脇《わき》に控えてくいっと酒の味わいを引き立ててくれれば、もうそれで。そんなありきたりの肴のうち、ぞっこん惚《ほ》れたものがある。じつのところ、たったひとつだけ酒の肴を選べと言われたら間髪入れず即答だ。

「焙《あぶ》ったお揚げ!」

揚げ一枚を焼き網にのせ、焦《こ》げめをつけながらきつね色に焙る。焼き網がめんどうならフライパンでもちっともかまわない。表裏こんがり色よく焙って香りが立ったところでざくっと色紙《しきし》に切り、そこへ生姜醤油《しょうがじょうゆ》をちょろり。日本酒もワインも焼酎も泡盛も、どんな酒でも受け止めるおおらかさがたまらない。年がら年中、たとえこれだけでも大歓迎だ。

酒の肴はちょっとものさびしいくらいが好きである。焙ったお揚げにはなんとはなしひなびた風情がまとわりつき、あたりの空気がしんと鎮《しず》まる。けれどもいったん箸《はし》でつまんで味わえば、たしかな滋味をじわりと滲《にじ》ませて満足をもたらす。これがいったいに酒を引き立てる肴の条件であり、ごはんのおかずとの境界線ではないか。

おとなになるにつれじょうずになったことがもうひとつ、ある。ひとり酒である。飲みたい気分だな。ひとりのときふと思い立っても、うちでも外でも不都合を覚えない。外ならば、ひとりでもじゅうぶん幸せになれる天国がある。たとえば火点《ひとも》しごろのバーで飲むジントニック、ハイボール。ゆるゆるとネジが緩むさまを体感しながら冷たいグラスを傾けていると、この瞬間のために生きているとさえ思う。ときおりむしょうに暖簾《のれん》をくぐりたくなる居酒屋もありがたい。カウンターに連なって杯を傾けるうち、店に流れている空気にふわりと包まれる、その居心地のよさ。ああ、いい湯に浸《つ》かっているみたいだな。独酌は、つまり自分が心地よくなれる時間の過ごしかたを知る手だてでもあるようだ。

うちでたのしむひとり酒ならば、しいんと鎮まりかえった夜中がいい。誰にも遠慮することなどないのに、なんとはなし台所でこそこそしてしまう。お尻《しり》に生えた滑稽《こっけい》なしっぽを足のあいだに巻いておさめ、てっとりばやく自分の膳《ぜん》を整える。片口にとりあえず一合。豆皿にチーズのかけら、塩豆。さあ、その膳を携えてどこに居場所を見つけるかといえば窓際《まどぎわ》のソファである。

夜半の春、月明かり。ふと芭蕉《ばしょう》の句なんぞたぐり寄せる。

春の夜や籠《こも》り人《ど》ゆかし堂の隅

夜更《よふ》けのひとり酒は日本酒かシングルモルト。ただしワインは遠慮しておく。時間が重なるにつれぱあっと華やかに花咲くようなワインの酔いは、ひとり酒に置いてけぼりを食わせる。あとはもう泡盛でも焼酎でも。ここぞとばかりとっておきの封を切ったりしない。いつもの慣れた酒を、いつもとおなじように飲み始めれば、たとえ最初はかんがえごとが浮かんでもじきに頭のなかはすっからかん、羽化登仙のこころもち。

酒のたのしみとはなんだろう。時間がゆるりとほどけて飛ぶ、これに尽きるのではないか。ひとりでも、ふたりでも、おおぜいでも。そして、酒は時間どころか距離も空間も、文化のちがいさえあっさり吹き飛ばす。

旅の空の下にも、忘れられない酒はたくさんある。月と星の美しい秋の夜、モンゴルのゲル（移動式住居）で、おじいさんと何杯も酌《く》みかわした手製の馬乳酒。言葉も通じないのに、にこにこたのしかったなあ。中国山西省の地元の新聞社主催の宴会で、並みいる酒豪が打ち揃《そろ》って延々三時間つづいた乾杯合戦。こころづくしの豆腐料理でわいわいにぎやかに盛り上がったのはいいけれど、五十度近い白酒《パイチュウ》の杯を何十回も「乾杯」「乾杯」と干すうち喉が焼けて頭もくるくる、死ぬかと思った。ようやくお開きとなって外に出たら、太陽が黄色くゆがんで見えたっけ。タイのゴールデントライアングル近く、村のおじさんにごちそうしてもらった、ほんとうは勝手につくっちゃいけないもち米の蒸留酒ラオ・カーオ。手まねきしてこっそり「あんたに特別に飲ませてやる」。そのぶん味わいは美酒に駆け昇った。

ここではっと気づく。たとえ初対面でもいきなりあんなにたのしかったのは、酒があいだにあったから。それが親しい相手であればなおのこと。酒を片手にぽーんと一気にたがいの垣根を越え、胸襟《きょうきん》を開き合う。

ああ、だからやっぱり酒がなくては。たとえ情けない失敗や反省や宿酔いの苦しみをまたぞろ味わっても、それでもやっぱり懲《こ》りずに思う。

酒はいいなあ。好きだなあ。

ひとり酒のときだって、そんな気持ちを肴にしながら味わっている。

夜中にジャムを煮る

七月なかば、沖縄で三日過ごして東京に戻る日、那覇空港から実家にアップルマンゴーを送った。空港のなかにあるちいさなくだもの屋だったが、店先にずらりと並んだ艶《つや》やかな完熟ものに吸い寄せられた。

「全国発送承ります。選りすぐりをお送りします」

太いマジックの字が「まかせとけ」と背中を押す。沖縄からこんな夏の便りを受けとったら、父も母もよろこんでくれるだろうな。

「二個四千三百円プラス送料いただきます。アップルマンゴーは木になっているまま完熟させるんです。収穫されたものをすぐ入荷して箱詰めしますから。お手もとに届いたとき、ちゃんとベストな状態で召し上がっていただけます」

伝票に住所を書きこんでいるわたしに店のおじさんが「ベストな状態」を二度も繰り返したから、すっかり安心していたのだ。

それから一週間過ぎたころ。

「どうだった、アップルマンゴー。おいしかった？」

「うん、おいしかったわよ。箱を開けたとたん、もうすごい香りでね。おとうさんといっしょに二個あっというまに食べた」

え、あっというまに？　父と母は、珍しいものやおいしいものはゆっくり楽しみながら食べるのが好きなはずなのに。怪訝《けげん》に思ってわけを聞き、がっくりした。

「じつはねえ、箱のふたを開けたら一個はぐずぐずに崩れかけてて、もう一個もかなり……。うわあこれは大変ってあわてて、どうにか食べられるところだけすぐ切って」

電話の向こうの母の声が申しわけなさそうにちいさくなった。そうだったのか。父と母の口に入ったのは、けっきょく三切れか四切れだったというからずいぶんだ。おじさん、「ベストな状態」って言ったのに。憤《いきどお》ってみてもあとの祭りである。そうだったの、ごめんねと謝ると、母が言った。

「くだものはむずかしいわよねえ。自分で選んで箱に詰めるなら間違いないけれど」

その通りだ。だからこそ、つきあいのある信頼できる店を選ばなければ、相手も自分も悲しい目に遭うという話である。

郵送してもらうときもハードルは高いが、自分で皮をむくときも、くだものの食べどきの難易度はかなり高い。今だな。狙《ねら》いをつけたつもりでも、ほんのすこし硬かったりする。または、もうすこし、いやまだだろうか。さんざん焦《じ》れながら慎重に待ちかまえたつもりでも、うっかり機を逸して泣きを見る。見ただけではわからない。触るとすこしわかるように思えても、ほんとうのところは食べてみなければやっぱり不明だ。むかしゴールデンハーフも唄《うた》っていた。

♪若い娘は　お色気ありそで　なさそで　ありそで　ほらほら黄色いサクランボ

耳もとでうっふーん。なんだかくやしい。翻弄《ほんろう》されている。

たとえば、アボカド。アボカドを買うときは緊張を走らせて指先に神経を集める。なにしろ店先の売りものなのだ、まだ自分のものにはなってない。だいじな嫁入りまえの娘である。めったやたら勝手に触って狼藉《ろうぜき》は働けない。暗く沈んだ黒紫のぼつぼつを握りこみ、そうっと、ほんとうにそうっと指先にちからをくわえて押してみる。

すると、表面がわずかに沈んで、かすかな返事を返してくる。

（はい、そろそろだいじょうぶなんです）

または、押した指に硬く閉じた気配が伝わってくる。

（まだだめ、ちょっと待っててね）

指先や肌を通して感じとったものがすべての頼りだ。神経を研ぎ澄ませて瞬時に判断する。これなら今がじゅうぶん食べどき。これは早すぎるだろう。微妙なところを見極める。

けれども判断を誤ったとき、これは情けない。さあ朝ごはんに、と意気ごんでナイフをあて、ぐるりと切れ目を入れてから種を中心軸にしてくるっとひねる。皮のなかからあらわれた薄いグリーンが目に飛びこんできて、動揺する。きゅうと締まって、いかにも硬そう。食べごろどころか、冗談も通じない未熟な様子に不安がよぎる。それでも試しに切って口に入れてみるとあんのじょう、うまみもなにもあったものではない。がっくり。

メロンの場合は、わかりやすい。食べごろが近づくにつれ、むんむんと香りを発しはじめる。マスクメロンときたら気恥ずかしくなるほどだ。部屋のかたすみに置いておくと、日を追うごとに香りが濃密になってくる。甘さのなかに重ったるさが混じってくる。メロンのほうが待ちきれなくなり、自分から服のボタンに手をかけて脱ぎかけている。香りはどんどんあられもなく密度を増していき、嗅《か》いでいるほうがやるせなくなってくる。

けっきょくは翻弄されがち。腰が退《ひ》けていたら、うっかり機を逃す。くだものは図に乗る。様子を見ながら甘みを出させようとしたパイナップルも、ある日を境にころっと酸味のほうが勝ってしまう。微発酵して酸《す》っぱい味に転ぶのだ。おとなしく受け身に回っていたこっちが悪い。

だから、むしろさっさと食べなければならないもののほうが気楽である。いちご、さくらんぼ、みかん、手にしたそばからさっさと食べる。タイミングに逃げられて、甘みがだらしなく崩れるまえに。

なのにしょっちゅう失敗している。気を許して置きっぱなしにして、黒い斑点《はんてん》がいっぱい浮き出たバナナ。もったいなくて皮をむき、おそるおそる頰張ると、口のなかでもっちゃりへたる。冷蔵庫の奥で発見してあわててふたつに切ったキウイ。皮の下がうらめしそうに水っぽい透明な色に変化している。台所の床にごろっと落としてしまった梨《なし》。あばたのような茶色の打撲傷から腐りはじめている……ああ、またやってしまった。肩を落としてくやしがる。

ただし、ひとつだけ食べごろの見極めかたに自信のあるくだものがある。白桃だ。

その理由は簡単で、白桃の産地に育ったから。お中元にいただくのは、たいてい白桃で、もちろん母も夏の盛りになるとよく白桃を買ってきた。なかでも清水《しみず》白桃と呼ばれる品種はとびきりだった。舌に吸いついてくる絹ごしのしっとりとした食べ心地。

枝になっているとき、一個ずつていねいに紙袋をかけて育てるから赤く染まらず、ふくよかな乳白色。高貴な味とは、こういう味をこそいうのではないか。香りも舌触りも色も、すべてがとくべつな夏のごちそう。こどものころ、夏といえば白桃の季節だった。

持つときは、両手で包みこむように。指にちからを入れたり、押したりなどもってのほか。傷《いた》んだ跡ができると、そこが褐色になって劣化が広がる。冷蔵庫に入れてもいけない。涼しい場所に置いて香りが立つのを待ち侘《わ》びる。ふわっと桃の香りが生まれたら掌《てのひら》にのせてみて、ずしりと持ち重りを感じたときが食べごろ。そして、冷蔵庫に入れるのはほんの一時間だけ。冷えが足りないと思うくらいがちょうどいい。冷やしすぎるとせっかくのやわらかな甘みが抑えこまれて、酸味が勝ってしまう……こういうことをしじゅう聞かされながら食べていたから、白桃の扱いだけはからだに染《し》みこんでいるので、刻々と変化する食べどきの合図にぴたりと反応できる。「そら、今だ」。くだものの追熟《ついじゅく》はけっこうなまなましいのです。

追熟。それは、果実を収穫したあと、さらにうまみややわらかさを増すまで熟させることだ。もいだばかりの洋梨もキウイもマンゴーもメロンも、まだ硬く閉じた貝殻だ。キウイは二十度ほどの温度で追熟させてはじめて、酸味が抜けて糖度が上がる。

洋梨もおなじだ。山形生まれのともだちが教えてくれたことがある。実家からラ・フランスが届いたの、おすそわけに一個あげるという。

「ラ・フランスはね、この緑色がやわらかあい黄色に変わってこないとだめ」

もう三十年近く前の話で、当時わたしは洋梨といえば缶詰しか食べたことがなかったから興味津々《しんしん》で耳を傾けた。ラ・フランスは洋梨の女王様、しかし名前だけしか知らなかった。

「皮ぜんたいが黄色くなると、すこしずつ香りが強くなって、あるときずしっと重くなる。そうしたら軸の盛り上がっているところを軽く指でつまんでみて、わずかに皺《しわ》が寄ってくるときを待ち構えて食べるといいよ」

はい、どうぞ。薄紙に包まれたラ・フランスを手渡され、教わった通りしばらく部屋に置いた。

たっぷり熟しきったラ・フランスにナイフを入れたときの、あの感激は今でも忘れられない。缶詰の洋梨、あれは洋梨という名前をしたべつのくだものだったのだ。ラ・フランスはふわりと軽やかで貴族的な香りをふりまきながら、舌のうえをしとねにしてあでやかに横たわる。ねっとりとバターのようにクリーミーな食べ心地には、あたりを制するような気位の高さが感じられた。そして、ふと清水白桃のことを思い出した。

「くだものは、なまもの」だ。黄色いサクランボだって日々刻々と変化する。いやそれどころか、午前と午後ではがらりと味が変わってしまうことがある。越えてはいけない一線はどんな食べものにもあるけれど、くだものの場合はなぜだろう、崩れてしまった甘みに無惨な気持ちを味わう。ひどいことをしてしまった。肉や魚や野菜のときとは微妙にちがう、うぶなものを踏みつけにして泥で汚してしまったような後味の悪さ、後ろめたさ。

だから、追いたてられる。どおんと段ボール箱で届いた柿《かき》、みかん、りんご、オレンジ……ものすごくうれしくてありがたい。しかし、箱のなかから「早く食べてね」。そら耳かと思うのだが、一個食べるとまた聞こえてくる。「つぎもお早めにね」。ほかのものなら冷凍という手があるのだろうが、くだものにはそれが効かない（冷凍みかんは大好物だが、あれはまたべつの食べものだ。それにやっぱり汽車の座席で食べたい）。ようするにネットひと袋のみかんでも、ごろごろあればそのぶん気《せ》が急いてしまう。

「時間よ止まれ」

待ったり、焦れたり、急いたり、あわてたり、後悔したり反省したりしているうち、ふと念じたくなる。もしも絶妙のタイミングで都合よく時間が止まってくれたら、どんなに肩の荷が下りてほっとするだろう。もうびくびくしないですむ。そんな埒《らち》もないことを夢想したりする。

けれども、あった！　いい手があった。

ジャムを煮るのである。

おたがい、いちばん幸福なときに鍋《なべ》のなかで時間を止めてしまう。そうすれば哀れにも腐らせたり、だめにすることもない。今がいちばんいいとき。そのときにおたおたしていたら、容赦なく時間に打ちのめされる。だから、先まわりしてジャムを。

ジャムをフランス語で呼べばコンフィチュール。最近はコンフィチュールの世界の華々しさに驚く。火つけ役はフランス・アルザス地方の女性パティシエ、クリスティーヌ・フェルベールだ。

瓶のふたには赤い地に白いドット柄の布、白いリボンをきゅっと巻いたフェルベールのジャムをはじめて味わったのは十数年まえのことだが、ひとロスプーンですくって心動かされた。デリケートで、フレッシュで、自然な甘み。くだもの自体の持ち味を生かしたおいしさは、それまで抱いていたジャムの概念を一気にくつがえした。そして、世界のシェフやパティシエたちにもおおきな影響を与えた。アルザスのストロベリー、マンゴー、シトロン、洋梨とチョコレート、ミラベル、ルバーブ、フランボワーズ……直径五十センチの銅鍋《どうなべ》で煮てつくる自家製の味わいは、どこまでもさらりと自然体だ。デパートでときおり買うフェルベールの味は、いつも衝撃を走らせる——ジャムはこんなに軽やかなものだったか。

または、晩秋の韓国、全羅北道《チョルラブクド》の淳昌村《スンチャン》を訪れたときのことだ。ソンビの末裔《まつえい》、八十六歳のイ・キナムおばあさんの家を訪れると、もぎたての柚子《ゆず》の皮をまな板の上でつぎからつぎへ一心に刻んでいた。ソンビとは李朝《りちょう》時代、きわめて学識の高い文人や学者を指し、官位は持たない在野の文人として尊敬を広く集め、土地を治める役割も果たす存在だった。キナムおばあさんは十八のときソンビのもとに嫁いでから義母のもとで料理修業を重ね、今でも地元の料理名人として名高いひとだ。

「柚子の季節になると、毎年こうして皮を刻んで砂糖といっしょに煮ているのだよ。そう、秋のおわりになるたび何十年も。とろとろに煮詰めた皮が熱いうちに砂糖をまぶせば、砂糖菓子になる。くりぬいた実といっしょに皮と砂糖を交互に重ねて三ヶ月も待てば、柚子の皮漬けになる。柚子が穫《と》れたら、家族総出でいっせいにとりかかる」

みんなといっしょに柚子の皮をひたすら刻みながらうっかりため息をついたら、キナムおばあさんが言った。

「ぐずぐずしていたら柚子のいちばんおいしいときが逃げていってしまう。だから、気が遠くなるほどいっぱいの柚子でも、がんばってつくるんだよ。そのおかげで、一年中おいしい柚子が食べられるんだから」

ほらあとすこしだよ。年老いてまるくなった背中をときどき伸ばしながら、部屋いっぱい広がる柚子の香りのなかで白髪の老女はわたしを励ました。

ジャムを煮るということを、ことさらむずかしくかんがえなくていいんだな。キナムおばあさんの手仕事を手伝いながら、思った。たいせつなのは、ワックスをかけていない旬《しゅん》のくだものを使うこと。酸に強い鍋を使うこと。そして、むやみにことこと弱火で煮すぎず、砂糖を加えたら皮や果汁、果実を合わせてとろりと煮こむこと。そのくらい。レシピの数字にとらわれず、目分量でだいじょうぶ。何度かつくるうちに、塩梅《あんばい》はつかめてくる。気が向いたら、別のくだものを混ぜてもいい。コアントローとかキルシュとかワイン、スパイスをほんのすこし効かせるのもたのしい。

そんなことがわかってきたら、ジャムを煮るのがなんでもなくなった。くだものが余りそうなら、さっと煮る。たくさんいただきものをしたら、まず半分ジャムにする。巨峰を箱いっぱいいただいたときは、皮もいっしょに小鍋で煮てガーゼで搾《しぼ》り、濃縮ぶどうジュースをこしらえてみた。こんなに簡単なのに、なんとも贅沢《ぜいたく》な手づくりジュースだと悦に入った。

なあんだ。あんなに食べどきを気にしてあせってばかりいたくせに、ジャムを煮ることに馴《な》れたら、余裕しゃくしゃくだ。アラおおぜいでようこそ、てなものである。くだもの屋の安売り大歓迎、グレープフルーツもいちごもパイナップルもまとめてどおんといらっしゃい。

もうひとつ、密《ひそ》かなたのしみを覚えた。ジャムは夜ふけの静けさのなかで煮る。世界がすっかり闇《やみ》に包まれて、しんと音を失った夜。さっと洗ってへたをとったいちごをまるごと小鍋に入れ、砂糖といっしょに火にかける。ただそれだけ。すると、夜のしじまのなかに甘美な香りが混じりはじめる。暗闇と静寂のなかでゆっくりとろけてゆく果実をひとり占めにして、胸いっぱい幸福感が満ちる。ぜんたいがとろんとやわらかくなったら、仕上げにレモンをほんの数滴。火を消して、そのまま。

翌朝。すっかり熱がとれ、艶《つや》やかに光り輝くジャムが生まれている。さあ、できたてのジャムをつけてかりかりのトーストを囓《かじ》ろう。昨夜の鍋のなかが秘密の夢のように思われて、ほんの一瞬、くらくらする。

だから夜中にジャムを煮る。

II

鍋《なべ》のなかをのぞく

わたしのだし取り物語

「おまえなんかにかつぶし触らせねえぞっ」

ほう。こういう捨てゼリフがあるんだな。びりびり厨房《ちゅうぼう》の空気を震わせる板長の罵《ば》声《せい》にすくみながら、いっぽう、わたしは妙に納得した。

爪先《つまさき》からじいんと冷え上がる割烹《かっぽう》の厨房。だいこんの葉っぱをうっかり捨てちゃった若い衆がいきなり足蹴《あしげ》にされて、青白い顔はかちかちに引きつっていた。

かつおぶしは日本料理のおおもとだ。さらには、かつおぶしや昆布で取っただしは、店の味を背負って立つ。煮物、お椀《わん》、和《あ》えもの、合わせ酢、だし巻き卵……だしの味で料理の味が決まってしまう。いや料理屋だけではない、家庭だっておなじことだ。じゃがいもの味噌《みそ》汁《しる》ひとつ、だしがきいていなけりゃ肩すかし。炊《た》きたてのごはんも哀《かな》しく宙に浮いてしまう。

けれども。告白しよう。忙しさにまみれたときのわたしは、こっそりこんなふうにも思ってきた。

（ふだんのごはん一回一回、いっつもまじめにだし取ってたら、今度はこっちの身が持たないんだよー）

仕事は背後からのしかかり、宅配便が玄関のチャイムを鳴らし、洗濯物は干さねばならぬ。子どもが小さい時分なら、腹が空《す》けばぎゃあと泣き、今すぐ買物に飛び出さなきゃ店が閉まる。壁際《かべぎわ》に追い詰められて息も絶え絶え、そんなところに「料理はだしが基本ですから」。えらそうに言われた日には、これはキレます。

（わかってるのよそんなこた）

わかっちゃいるけれど、そのだしが取れない。そういうときが少なからずあるものだ。

おいしいだしを取りたい。一番だしも二番だしも手軽に操って、ぐっとだしのきいたおいしい料理をつくりたい。しかし、そのひと手間がどうしてもおっくうなときがある。それは、台所に立つ者みなの悲痛な叫びと言い切って憚《はばか》らない。しかし、と同時に「取らなきゃいけないだしの呪縛《じゅばく》」に囚《とら》われてもいるのではないか。私とて、呪縛から解き放たれて、もっと気楽にだしとつきあいたい。

では、どうやって？

ヘチマの大きな黄色い花がふわりと咲いている。その隣にはみっしり身の詰まった太いゴーヤーが鈴なりだ。おばあのサンダルを貸してもらってニガナを摘みに庭先へ出たら、強い陽射《ひざ》しにくらりときた。

入江沿いに集落が点在する沖縄・大宜味村《おおぎみそん》。のどかな空気に、「桃源郷」という三文字をふと思い浮かべる。村を訪れて三日め、台所で昼ごはんのしたくをするタケばあの隣でニガナの葉っぱを洗いながら、わたしのからだのなかの時間軸はすっかり溶けはじめていた。

「さて、鍋《なべ》に湯が沸いた」

たっぷり水を張ったアルマイトの鍋を火にかけ、そこへ豚肉のカタマリを入れる。皮つきの豚バラ肉、都合八百グラム。アクをすくいながらことこと煮て、肉に火が通ったら皿に引き上げる。

タケさん、なにつくるの。

「肉は、小さく切ってゴーヤーチャンプルーに使うの。汁は半分ずつ取っておくの。半分はお昼のソーミン（そうめん）のおつゆ、あと半分は明日の煮物にでも取っておくさ」

豚肉は、まずゆでる。カタマリでも薄切りでも、必ず最初にゆでる。ゆで汁は捨てず、全部だしに生かし尽くす——大宜味村でも、首里《しゅり》でも石垣島でも、みなおなじ。つまり沖縄の台所では、豚肉は食べるだけではない、大切なだしのもとでもあるのだった。

肉のうまみが出た汁は絶対にむだにしない。さらにそのうえ、かつおだしと合わせて、さらに複雑なうまみを足す。これが沖縄料理のおいしさの根幹だ。

「あんた、アジクーターという沖縄の言葉を知っとる？」

アジクーターは、味が濃いという意味である。しかしそれは、調味料で濃い味をつけるのではない。だしをしっかり取る、つまり味の幹をできるだけ太く、たくましくこしらえるということ。

だから、イリチー（炒《い》り煮）ひとつとっても、醬油《しょうゆ》の量は驚くほど少ない。沖縄で何度おなじ言葉を聞いただろう。

「本土みたいに、醬油やらみりんやらあんなにたくさん入れちゃあ辛くて辛くて、なに食べとるかさっぱりわからんようになる」

醬油はうっすら、ほんの香りづけ。だしさえ効いていれば、あとは塩でじゅうぶん。だから、沖縄の調味料の使用量は全国一少ない。

べつの鍋の湯が、また沸いた。今度は、タケばあがかつおぶしの袋を取りだして大づかみ、握ったそのままを鍋に放りこむ。

ぐつぐつ、ぐつぐつ。

「おばあは、だしを取るとき、いつもこんなに煮るの?」

「そうさ。よおく煮て、だしはしっかり取らんと」

一番だしも二番だしもあったものではない。かつおぶしが鍋のなかで大運動会だ。あの板長が目撃したら、泡吹いて卒倒してしまう。しかし、これがアジクーターの秘《ひ》訣《けつ》なのだ。たっぷり五分も煮ただろうか、タケばあは、ザルでざあーっとだしを漉《こ》す。ずしりと香りの立つ濃いだし。そこへ塩とゆでたソーミンを入れて、おばあはソーミン汁をつくった。

豚肉でだしを取る。

かつおぶしを煮こんで濃いだしを取る。

豚肉のだしとかつおだしを合わせることもある。

衝撃だった。沖縄のいろんな台所で繰り返し、これらの光景を目にするうち、わたしの目からぼろりぼろりとうろこが剝《は》がれていった。これでいいのだ、それに、手はかけなくとも、だしがしっかり効いていれば、どんなに素朴なごはんでも腹の底から満足感がある。

すっかり気はらくになっていた。ナンクルナイサア（なんてことないさ）。だしは上手に美しく取らなきゃと身構えるから、おっくうになる。キレ味のいい澄み切っただしだけが、だしではないぞ。

長い道のりだった。沖縄に来て、ようやっと呪縛から解放されていた。


だしというものは、いったいなんだろうか。

「出汁」と書いてみれば一目瞭然《りょうぜん》。汁に浸み出た味やうまみのことである。素材が持ち合わせていないうまみを足して補い、厚みのあるおいしさをつくる。これがだしの役目なのだ。

そもそも今のようなかつおぶしが現れたのは江戸時代前期。それ以前は、かつおのゆで汁を「色利《いろり》」と呼んで調味料として使ってきた。ところが、「色利」をとったあとの身を廃物利用して、これをさらに煮て乾燥し、保存するようになる。そして延宝年間（一六七三〜八一年）、かつおを下ろした身を煮たのち燻乾して黴《かび》をつける方法が、土佐で考案されたといわれる。黴つけによって格段にうまみ成分が加わったかつおぶしは、その後の日本料理の味を決定づけることになった。

昆布もまた、おなじ。古代では献上品や祭祀《さいし》のための貴重品であり、しだいに汁や煮物などに使われるようになっていく。江戸時代に入っても、昆布はあくまで汁の具であり、調味料またはだしの役割を担《にな》うのはかつおぶしよりずいぶん遅かった。

――なあんだ。やっぱり緊張しなくていいのだ。かつおぶしのだしも昆布のだしも、もとはといえば「ゆで汁出身」。おいしい味さえ出れば、なんでもだしになるのだ。かんがえてみれば、かつおぶしや昆布以外にも、そういうものはたくさんあるんじゃないの?

香港《ホンコン》で絶大な人気を誇る雲呑麵《ワンタンめん》屋の厨房。子どもひとりお風呂《ふろ》に浸《つ》かれそうな大鍋で、スープがふつふつ煮えていた。なかでひらひら揺れている茶色の物体はなんだろう。

「大地魚《ダイディユイ》です。うちの味の決め手です」

鶏《とり》ガラだけではない。干した大地魚、つまり干しカレイを組み合わせて煮ることで、だしにぐっと複雑で濃いうまみが備わる。なにしろ雲呑麵は庶民の味。身近な一杯で客にたっぷり満足してもらうには、鶏ガラのすっきりとしただしだけでは少々力不足なのだ。

あるいはベトナム・ホーチミン。十年来、早朝五時から大繁盛《だいはんじょう》を続けるフォー専門店の厨房。隣近所の店の味とは明らかにべつものso、ここのスープは最後の一滴まで飲み干したいおいしさだ。はて、そのだしの秘密は……。鍋のなかを覗《のぞ》きこむわたしに、あっけらかんと店の主人は教えてくれた。

「牛の骨をたっぷり使います。そして、するめを入れるのも秘訣です」

だしにするめ！　そういえば中国では、するめは湯（スープ）や炒《いた》めものに使う立派なだしのもとなのだ。

中国料理は、じつにさまざまな「乾貨《ガンフォ》」つまり乾物をだしに使う。「乾貨」の威力に驚くのは、たとえば中国・広東地方でお粥《かゆ》を食べるときだ。さらりとシンプルな白粥も、干貝《ガンベイ》（干し貝柱）や蝦米《シャーミイ》（干しえび）、鶏のガラなどを自在に組み合わせて取る濃いだしで米を煮る。そもそも素材を乾燥させると、干す過程でたんぱく質が遊離アミノ酸に変化し、うまみが増す。栄養価も凝縮される。だからこそ、掌《てのひら》のなかにすっぽり入る小さなひと碗《わん》の白粥でも、ずしんと重い満足感を与える。

そのほか金華火腿《ホウトエイ》（中国ハム）や香菇《シャングー》（干ししいたけ）も、だいじなだしのもと。潮州料理の魚の姿煮には、必ず梅干しが入る。魚臭さを消し、同時に軽やかな酸味を出す梅干しは、じつにいい仕事をする。中国の食の巧みな知恵には感服だ。なにしろ梅干しひとつ、種からもいいだしが出る、そこを見逃さない。

あるいはイタリア・トスカーナ、料理上手なひとり暮らしのおばあちゃんの台所を訪ねた夜のことだ。あり合わせの玉ねぎやセロリ、にんじんやトマトをことこと煮ながら、おばあちゃんは冷蔵庫からガラスの瓶詰を取り出した。

「これを入れるととてもいい味が出るの」

スプーンでふたすくいした丸いつぶは、オリーブ。そのまま食べるだけではない、オリーブは煮物やスープのだしの役目も務めるスグレモノだということを、そのとき初めて知った。

あれもこれもだしのもと。じわーっといい味を出しさえすれば、なんだってだしのもとなのだ。

これは、うかうかしてはいられない。

「風邪引いて久しぶりに寝こんじゃったのよ」

オトコのひとり暮らしはこういうときうろたえるよな。サエキさんが治りかけの鼻をぐしゅぐしゅさせながら、焙《ほう》じ茶をずずーと啜《すす》っている。

「で、大丈夫だったの。ごはんはどうしてたの」

「それがだよ、オレは漬物に救われましたね」

サエキさんの話はこうである。

台所に立つ元気も気力もない。しかし、滋養はとらねばならぬ。熱があるから汁気も取らねば。このまま布団《ふとん》に横たわっているだけでは干涸《ひか》らびてしまう。そこで、這《は》うようにして冷蔵庫を開けたサエキさんの目に飛びこんできたのは、漬物だ。とっさに思いついた。

「野菜を切るのもおっくうだ。漬物に湯を注いで汁をつくろう」

そうして、高菜の漬物とたくあんを適当にざくざく包丁で刻んで丼《どんぶり》にたっぷり入れ、沸かした湯を注いだ。そこへ味噌《みそ》をひとさじ入れて溶かし、醤油もちょろり。壁際に追い詰められたオトコ三十八歳、新案特許の漬物味噌汁の完成である。

「いや救われた。漬物からじつにうまいだしが出てるんだよ。七味をちょっとだけ振ってみたら、からだがほっかほか」

にわかに生気を蘇《よみがえ》らせたサエキさんは、翌日台所に立って粥をこしらえ、梅干しといっしょに再び刻んだ高菜の漬物を入れてみた。えもいわれぬだしが粥に浸《し》みてあとを引き、思わずお代わり。風邪はめでたく退散の運びとなったというのが、ことの顚《てん》末《まつ》である。

元気のないとき、疲れたとき。だしのきいた味を舌にのせると、ほっと安堵《あんど》する。

だしには風味だけではなく、アミノ酸や栄養成分もいっしょに溶け出ている。だからこそ、たとえひと椀《わん》ひとさじでも、だしさえ効いていれば腹の底にじんわりちからが湧《わ》き起こるのである。

さて、だしをなんとか身近に引き寄せたいわたしは、一計を案じた。

夜の時間を借りるのである。

台所に立つ、つまり料理にかかる前にだしができていれば、どれほど気がらくなことか。そこで夜寝る前、鍋に水を張り、干ししいたけや昆布を入れて放っておく。ひと晩明ければ、干ししいたけからも昆布からもいいだしが出ている。干ししいたけはふっくら戻って、一石二鳥。いりこもおなじだ。腹わたを除いて水に放っておけば、ひと晩のあいだにだしはゆっくり浸み出ている。一切手間いらず。鍋のなかのだしは朝ごはんの味噌汁に使うもよし、冷蔵庫に保存して夜の煮物や汁に使うもよし。たったこれだけで、余裕しゃくしゃくの気分が手に入る。

おもしろいもので、いったんだしと手を結べば、道は一気に開けてゆく。豚肉か鶏《とり》肉《にく》を夜中にゆで、肉に火が通ったら鍋ごと降ろし、そのままひと晩置く。朝になって白く浮いて固まった脂《あぶら》をすくえば、澄み切っただしが鍋のなかで楚々《そそ》と微笑《ほほえ》んでいる。ゆでた肉は切ったり裂いたり、焼いたり煮たり、みな沖縄での学習成果である。

だしさえあれば。だしさえおいしければ。あとは腕まくりもいらない。たとえただのねぎの汁だってじゅうぶんにおいしい。だしは料理の味に背骨を通してぜんぶを引き受けるのだった。

ところで、この「だし取り物語」には意外なおまけがあった。時折むしょうに、ていねいに一番だしが取りたくてたまらなくなるのです。呪縛《じゅばく》から逃れて気楽にゆくぞ、と口笛吹きつつひとまわりして還《かえ》ってきた。これは、いろんなだしを試しているうち、すっかり肩の力が抜けて余裕を身につけたということだろうか。

わたしはひとり台所でほくそ笑んだ。どうやら、だしは手の慣れ、舌の慣れ。

ぴしり、塩かげん

しょっぱい。舌の根がぎゅうと縮む。久しぶりにしでかした大失敗に苦笑いする。

沖縄にスーチカーという豚肉の塩漬けがある。塩をたっぷりまぶした昔ながらの保存食だ。お土産にもらった皮つきスーチカーの半分をころころに切ってじゃがいもといっしょに煮たのだが、うっかり塩抜きするのを忘れて鍋《なべ》に放り込んでしまったのだ。

しょっぱい味、塩辛い味はおいそれと軌道修正ができない。酒やみりんを足して味をまろやかにしようとしても、水を足して塩気を薄めようとあがいても、塩辛さの芯は頑として居残る。観念したわたしはどうしたか。泣く泣く鍋のなかの汁をぜんぶ捨て、スーチカーを下ゆでして塩抜きし、いちから出直しました。

塩かげん。味のすべてはここから始まる。かんがえてみれば、料理をつくり続けて三十五年、それは自分の塩の塩梅《あんばい》を決める長い学習と訓練の期間ではなかったか。「パパッと塩を振れば、たちまちいつもの味」。あこがれたなあ。それが十八のわたしのでっかい夢でした。

塩が決まれば味も決まる。

料理の味をぴしりと決めるおおもとは、醤油《しょうゆ》の量でもなく火の通し具合でもなく、まずは塩の分量、つまり塩かげんだ。おいしさを感じる振れ幅はひとそれぞれ、そのうえ好き嫌いを多分に含んで、じっさいのところかなりの開きがある。ところが塩味ときたら、許容量の間口も奥行も、かなり狭い。「いい塩かげんだね」と「こりゃしょっぱい」、その差はわずか髪の毛一本、薄紙一枚の危うさだ。そこを、「パパッと」イッパツで決めようなど、小娘にはとうてい無理ですわ。

海辺で食べるおにぎりと、山で食べるおにぎりは味がぜんぜんちがう。小学三年のときの大発見である。かたちも大きさもまるでいっしょ、いつものおかあさんのおにぎりなのに海辺で食べればがつんと塩っぽくて、山で食べればさらりとあっさりしている。どうしてだろう。

それは潮風のせいだ。くちびるにくっついた海の潮が、米つぶを覆《おお》う塩気をにわかに引き立たせ、塩味が増す。さらに、海でも山でも大発見はもうひとつあった。おにぎりを頬ばると、疲れたからだに元気が戻る。おなかいっぱいになるだけじゃない、塩味が元気を呼びこむのだ。

塩には味がある。塩の味は元気が出る。

おとなになったら、そのことを自分のからだが教えてくれることに気づいた。汗をかく夏は、そのぶんからだから塩分が出てゆく。だから、おつゆの塩気をちょっとだけきつくする。おかずの塩かげんもほんの少し多め。おやつだって、甘いビスケットより塩味のビスケットのほうがおいしく感じる。

「わたしね、食欲のないとき塩湯を飲むんですよ」

マキさんが仕事の話の途中で、何気なくつぶやいた。

「朝起きて調子が出ない、食べる気が起きないなあ、そういうときは湯に塩を溶いて啜《すす》るとなんとなく元気が出ます」

なるほどねえ。砂糖水じゃこうはいかない。だって、じんわり溶け出した塩の味は、ただしょっぱいだけではない。甘さ、ほろ苦さ、えぐみ、酸味……いろんな味が複雑に混ざっている。こくやうまみ、ミネラルも潜んでいる。そこに反応してからだが起きるのだ。ただし、塩ならなんでもいいというわけでもないのです。

今日びデパートの塩売り場に足を踏み入れると、うろうろ迷う。一九九七年（平成九年）に塩の専売法が廃止され、ついで五年後に完全自由化されるや、あれよあれよというまに種類は増えるいっぽう。数えてみたら近所のスーパーに二十六種類、新宿のデパートの食品売り場には九十種類近くがあった。その主流は日本各地の自然海塩と外国の岩塩などの輸入塩。片手で数えるほどしか並んでいない精製塩は、棚のすみでいかにも肩身が狭そうだ。

塩は、選んで買う時代になったのだ。では、どんな塩を選びますか。いきなり街頭でマイクを突きつけられたら、なんて答えます？

「ええと、おいしい塩！」

気持ちはわかるが、それでは九十種類のなかから「コレ」とひと袋握れない。

とはいえ、なにしろ一九〇五年（明治三十八年）に「塩専売法」が施行されて、七一年（昭和四十六年）からは塩田で塩をつくるのも御法度《ごはっと》だったのだもの。日本の塩は専売法が廃止されるまで四半世紀、イオン交換膜法でつくられた塩化ナトリウム九九％以上の精製塩だけが独占販売されてきたのだ。なのに突然「ホレ好きに選んでよいぞ」とお達しが出たところで、かえってとまどうのは当然でしょう。

ずっと、国外へ旅に出ると塩を買ってくるのが習慣だった。「お土産なにがいい」と聞かれると、「塩、お願いします」。だって、日本ではいろんな塩が手に入らなかったのだもの。フランスやイタリア、韓国の海塩、中国やイギリス、ドイツ、オランダの岩塩、南アメリカの塩湖の塩……しょっぱさの浅さ深さも、風味もなにもかも違うので、知るほどにおもしろくなった。旅先のタイで偶然舐めた塩がぜん気に入り、五キロぶんトランクに詰めたら重量オーバーして、出国のときひと悶着《もんちゃく》したこともあった——とまあそんなふうにして、こつこつ「自分の塩の味」を広げてきたのだった。

機が訪れたのは、二〇〇三年（平成十五年）。能登《のと》を旅したわたしがひとつの塩に出合ったのは、塩が日本で完全自由化された翌年である。

奥能登・仁江《にえ》海岸。輪島から珠洲《すず》へ向かう海岸沿いに車を走らせていると、千畳敷と呼ばれる広い岩礁《がんしょう》を背に、茅葺《かやぶ》き屋根の古いちいさな小屋がぽつんとひとつ現れた。その手前に砂を敷き詰めた濃茶の整地が広がっている。

「塩田ですよ。日本でただひとつ、江戸時代から伝わる製法を守る揚げ浜式塩田です」

能登のともだちが教えてくれた。秋冬はこうして塩田を休むけれど、春が来れば海岸から桶《おけ》で海水を汲《く》み、ひとの手だけで塩をつくるという。

「この塩、味がじわーっと深くてすごくおいしいですよ」

塩おたく（わたしのことです）は驚喜した。車を飛び降り、ひと袋買いに走ったのが「角花菊太郎《かくはな》」さんの塩だ。そして——ハマッた。

かすかに灰色を帯びたおだやかで美しい塩の白。指で触れると、しっとり水分を感じる。数つぶ舌のうえにのせると……じわあっと滲《し》み広がるさまざまな味。塩味の内側にまろやかなうまみがたっぷり満ちており、とがったところがまるでない。天然自然の雑味もいっしょに閉じこめた、ひねりのない素直な海の味。そしてわたしは能登を旅するたび仁江に寄っては買い足し買い足し、台所で手を伸ばすのはいつのまにか「角花菊太郎」さんの塩になっていた。

じりじりと真夏の太陽が肌を焼く八月。わたしは仁江海岸の塩田に立った。江戸時代から続く揚げ浜式の塩づくりを、いよいよこの目で確かめたくなったのだ。自分の味を預ける塩なのだもの。奥能登の海水がいったいどんなふうにしてひとつぶの塩に生まれ変わっているのだろう。それを知るには、塩づくりが最盛期を迎える真夏にこそ。

しゃーっ。じゃばっ。空中に、砲弾のような形の桶で勢いよく打たれた海水の花が大きく咲く。しゃーっと海水が宙に散り、ついで霧のように宙に舞い、砂に着地するや、じゃばっ。何度も繰り返し空中に花は咲き、みるみる一面にしみて塩田は黒く染まってゆく。

「こうやって海水を撒《ま》き、乾いたら砂を掻《か》き集めます」

たくましく日焼けしたそのひとが「角花菊太郎」さんにちがいない。

「いいえ、僕はその息子です。父は亡《な》くなりまして、代替わりをしました」

日本でただひとり、揚げ浜式塩づくりの技法が石川県の無形民俗文化財に指定された菊太郎さんは、塩づくりに六十余年を捧《ささ》げる人生を送った。そのわざを継承したのが、三十数年いっしょに塩づくりに取り組んできた息子の豊さんである。

いや、それにしても――。わたしは絶句した。

海水を塩田に打つ「おちょけ（打桶）」も、砂集めに使う巨大なトンボ「いぶり」も、集めた砂を塩田のまんなかに積んで海水を濾過《ろか》する「たれ舟《ぶね》」も、すべて昔のままの素朴な木製。それを扱うのは、すべてひとの手、腕、足。炎天下の塩田で、豊さんの額に、背筋に、脛《すね》に、汗水がつたう。

息詰まる場面がさらに待っていた。天秤棒《てんびんぼう》に縄で吊《つる》したふたつの「荷桶」を豊さんがひょいと肩に担《かつ》ぎ、海岸へ向かう。日に二十数回行う海水汲みだ。じゃばじゃば海へ入り、「荷桶」で海水を揚げ、満杯になったふたつを肩に担いで再び塩田へ。七十二リットル分の重さに歯を食いしばり、全身の筋肉はこわばり、しかし桶のなかの海水は一滴たりともこぼれない。

角花家が引き継いできた「揚げ浜式塩づくり」とは、「伝統のいいとこどり」などではなかった。海水を揚げるときポンプさえ使わない。道具もなにもかもすべて、江戸時代にタイムスリップしたかのようだ。

「『伝統を守る』とひとことで言うてもね、そらしんどいですわ。どの作業取っても重労働で、らくなことはひとつもない。夏が終わると五〜六キロ痩《や》せてます」

けれども、豊さんを励ますのはかつての菊太郎さんの塩づくりだ。

「軍隊に召集されたとき、塩が不足しているというので揚げ浜式の製塩技術を持つ親《おや》父《じ》が部下を与えられて塩づくりを命ぜられ、そのまま終戦を迎えた。親父にとって塩づくりこそ命の恩人だったのです」

新しいやり方も何度か試してみたけれど、結局昔とおなじ道具、おなじ方法でなければ、おなじ味にはならない。変えないのではなく、変えてしまえば、たとえわずかでも味が変化する。だから決して変えられない。昭和の長い専売制下、特別に許可されて汗水垂らして奥能登に伝承されてきた塩づくりを続けながら、しかし、専売公社の買い上げ額は一トンわずか二万円。それでも決して塩づくりを辞めなかったのは、菊太郎さんの意地と信念ではなかったか。

深夜三時。波の音だけが静かに耳に響く。漆黒の空には金色の星々。茅葺きの小屋から明かりが洩《も》れている。そこへ一歩足を踏み入れて、思わずあとずさった。すさまじい熱だ。たちまち全身の毛穴が一気に開く。大釜《おおがま》がぐらぐら煮えたつ。昼間、濾過して抽出した濃い海水（かん水《すい》）を煮詰めて、塩をつくっているのだ。

釜で塩を煮詰めるのは四日に一度。夜八時過ぎから薪《まき》を焚《た》き、絶えずアクを除きながらぐつぐつ煮詰めてゆく。大釜のなか、無数の火口のように沸騰《ふっとう》する泡から塩が噴き出て対流し、びっしり塩の繭玉《まゆだま》が並んでいるではないか。

びちびち。じくじく。みちみち。鈍く重い音が暗闇《くらやみ》を震わせる。五分も釜の脇《わき》に立っていれば息苦しくなり、全身の毛穴から汗が噴き出す。異様なほど苦しい熱さのなか、濃密な煮え音を立てて塩が少しずつ少しずつ詰まってゆくのだ。びちびち。みちみち。これはこの世の音なのだろうか。

おや、音が変わった。ぴちっ、ぴちっ。そろそろ夜明けも近い四時三十五分。じっと眺めているとふいに釜のなかの音に軽さが加わり、一面に塩の結晶がぐぐっと頭をもたげ始めた。きらり、結晶が発する硬質の光が目を射る。朝日が昇った。薪の火もそろそろ熾火《おきび》に近い。夜を徹して十時間余、朝焼けとともについに塩が現れた。

あの真夏の夜明け、まだあたたかなひとつぶを指に取って舐めた味を忘れることができない。おぎゃあと生まれた塩は、荒ぶる奥能登の波しぶきをまといながら、天衣無縫の児《こ》であった。そして辛くて、甘くて、苦くて、酸《す》っぱくて、いろんな味がした。すべての味がこのなかにある、天然自然、これぞ手塩にかけた味だ。

こうして、台所の塩と海はひとつの道で結ばれた。

「となれば、ひとつぶたりともこぼせませんねえ」

「いやもう、ほんとに」

奥能登で目にした一部始終を話し終えると、「ありがたい塩ですね」とマキさんがつぶやいた。この塩、ゆめおろそかにはできない。

とはいえ、「おいしい塩」を使えばおいしい料理ができるわけではありません。

そもそも塩のおいしさ以前に知っておきたいことはたくさんある。塩は適材適所、さまざまに調理を助ける。

魚に塩をすると、浸透圧が働いて脱水し、きゅっと身が引き締まる。肉や魚を焼くとき表面に振っておくと、たんぱく質が固まってうまみが逃げない。野菜をゆでるとき、塩を湯に加えておけば色素成分が安定するのでビタミンCの流出が防げる。さといもや魚介を塩もみして、ぬめりを除く……もういろいろ。スパゲッティをゆでるときは、「多いかな」と思うくらい、湯に塩を入れる。海水とおなじくらいの濃度がよいといわれるけれど、わたしの場合はもう少しきつめ。パスタにしっかり塩味がついているだけで、ぐんとおいしく感じられるから。

そして、気に入りの「おいしい塩」となれば、ここぞとばかり最大限に生かしたい。「味をつける塩と、味を引き出す塩はちがうんですよ。たとえおなじ塩でも」

焼き鳥屋の主人が「これ、秘策なんですがね」。いわく、小つぶの塩をまんべんなく振るのは塩味をつけるため。焼き上がったあと、つぶが大きめの「おいしい塩」を振るのは味にメリハリをつけておいしさを引き出すため。「おいしい塩」を生かす時間差攻撃だ。いいこと教えてもらったナ。

さて、ここいらでむっくり頭をもたげる疑問がありませんか？

「おいしい塩ってどんなの？」

「おいしい塩」は、「自分がおいしいと思える塩」に違いないが、ただしイオン交換膜方式で化学的につくられた塩は、塩化ナトリウムのしょっぱさだけがとんがって味気ない。いっぽう、自然塩に含まれる雑味にはマグネシウム、カルシウム、カリウム、ヨウ素、鉄などの有機物が含まれており、そのミネラル分がおいしさをふくらませ、それぞれの味覚の嗜好《しこう》につながる。

仁江の角花さんの塩をお土産にともだちに渡したら、実家のお母さんが感心してつぶやいたという。

「このお塩、おいしい。うっかり入れ過ぎてもしょっぱくならないのね」

ただし、自然海塩とひとくちに言っても、日本各地にさまざまな製法がある。塩田やネット、枝条架《しじょうか》などで海水を蒸発させてつくる天日塩、ホンダワラやカジメなどの海藻に付着させた海水を煮詰める藻塩《もしお》、海洋深層水からつくる塩、海水を噴射させて結晶にした加熱噴霧蒸発……そのぶん、味もいろいろ。役者は揃《そろ》っているのだもの、ここはひとつ、これぞ自分の塩と呼べる味に出合ってみたい。

わたしの台所の塩の柱は、まずは仁江海岸の海水でつくる角花さんの塩と決まった。すでに千両役者が花道に上がった状態である。となれば、あとはもう——。

「うまいまずいは塩かげん」

見にいきました、能登の塩づくり

撮影・平松洋子

1. 海水を集める

①

②

2. 海水を撒く

③

④

③④「おちょけ」と呼ぶ打桶で、塩田一帯に勢いよく海水を撒き広げる。大きく半円を描いて打つたび、花のような美しい霧が空中に舞う様子は、熟練の技のたまもの。

3. 塩田に筋目をいれる

⑤

4. 乾かす

⑥

⑤海水を打ったあと、塩田の砂の表面を全体にまんべんなく掻き起こし、筋目を入れる。粗く筋を入れることで、海水の蒸発を助け、早める効果が得られる。

5. 砂を集め、沼井をつくる

⑦

⑧

⑦⑧「いぶり」で表面の乾燥した砂を集め、塩田の中央に据えた沼井（ぬい、たれ舟とも呼ぶ）に運ぶ。そののち周囲に木板を立て、井戸状の囲いを組み立てる。

6. かん水をつくる

⑨

⑩

⑨⑩沼井の砂の上から海水をかけ、濾過する。しばらく経つと下から濃いかん水がちょろちょろ流れ出る。この段階で、海水の8倍の濃さになっている。

7. かん水を煮詰め、塩をつくる

⑪

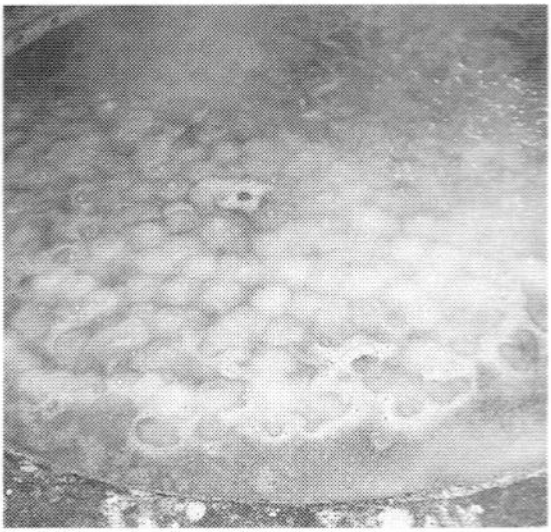

⑫

⑪⑫かん水をいったん粗炊きして冷まし、濾した後いよいよ大釜で煮詰める。夜8時に薪に火をつけ、アクを除きながら朝方まで煮詰める。夜半過ぎ、無数の繭玉のような塩の塊が出現した。朝方まで、さらに煮続ける。⑫は、釜から塩を採った後にできる「塩のおこげ」。

おいしいごはんが炊《た》きたい

もう十年以上まえの話である。わたしは電子レンジを捨てた。

さあ張り切るまいことか。四角い箱のお世話になりっ放しだったシュウマイを、竹の蒸籠《せいろ》で蒸《ふ》かしてみた。「うわっ」。練った粉末に牛乳を注いでカップごとチンしていたココアを、小鍋《こなべ》でゆっくり練りながら沸かして飲んでみた。「おおっ」。

味が、おいしさが、全然違った。

台所仕事は、手間をかければよいというのではない。やみくもに昔に戻ろうとも思わない。ましてや不便なほうがいいなんて、ちっとも。しかし、子育てが終わりかけてからさかんに台所でかんがえるようになりました。自分の手の感覚や嗅覚《きゅうかく》や聴覚や、つまりは五感をもっと使って料理をしたい。台所に立つことを十二分に楽しんでみたい——そんな思いがふつふつと、そして切実に湧《わ》き上がってきたのだった。

そんなある日のこと、いつもの台所の隅っこに、わたしの目は釘《くぎ》づけになった。毎日フル回転で使い続けてきた二代目の炊飯器がそこにあり、次の瞬間やおらわたしはしゃがみ込み、戸棚の奥深く放置されているはずの古い文化鍋を捜索しにかかっていたのである。

自分でごはんを炊こう。スイッチポンにおまかせせず、火加減を塩梅《あんばい》しながらほかほかを炊きたい！　痛烈に思ったのである。

その夜のごはんの味わいは、じつのところ覚えていない。とんだ出来映えに悔しさを募らせたのか、それとも満足のゆく炊き上がりだったのか、どちらだとしても、わたしはその夜を境に、電子レンジにつづいて炊飯器にも別れ話を持ち出すことになったのだった。

手もとにある〝ごはんが炊ける鍋〟は二つあった。わがニッポンの文化鍋と、韓国の石鍋だ。石鍋はずいぶん前、ソウルの市場で手に入れたもの。韓国一の米どころ、利川《イチョン》でこの石鍋で炊いた新米を口にしてあまりのおいしさに仰天したわたしは、ソウルに戻るなり南大門《ナンデムン》市場に走った。

じっさい、石鍋の威力には恐れ入った。店の主人が「遠赤外線効果が凄《すご》いゾ」と胸を張った通り、石全体はあたかも熱球のごとし。驚異の蓄熱力で一気に炊き上げ、その味わいの濃いこと。来客のたびに石鍋製ごはんを振る舞うと、「帰り道に大久保に直行して同じ鍋をせしめました」などという後日談も耳にした。けれど、難点があった。重い。冷めにくい。ヒビが入りやすく気をつかう。おいしさと扱いやすさを天秤《てんびん》にかければ後者が勝り、どうにも手が伸びづらい。特別行事なら構わないけれど、「日常茶飯」にイベント感覚はうっとうしいです。

となれば庶民の味方、文化鍋の登場だ。文化鍋は、そもそも昭和二十一年に発売されたアルミ鋳物《いもの》鍋である。戦後、爆発的な人気を博したのも当然だろう。重くて大きくて洗いづらい鉄の羽釜《はがま》に較《くら》べれば、とびきり軽くて丈夫、少量でもすぐ炊ける手軽さは涙が出るほどうれしかったに違いない。ええ、もちろんわたしにだって。大急ぎで炊きたいとき、さっと米を研《と》いで文化鍋に移し、水を注ぎ火にかける。

「初めチョロチョロ、中パッパ、赤子泣いてもふた取るな」

お題目が道しるべである。カタカタふたが鳴って元気よく踊り始めれば沸騰《ふっとう》開始、上に溜《た》まったおネバは吹きこぼれもせず、同時にウォーターシール効果を果たしながら軽い圧力を発揮する。なるほど、よくできた鍋だなァ。中パッパののち火を細め、泣く子はおらぬがそのまま我慢……と、わたしは鼻をピクつかせた。あっ、この香り！

パリパリ乾いたおネバがへばりついたふたを、そっと開く。艶《つや》やかなごはんのまわりに水で濡《ぬ》らしたしゃもじをさくっと差し入れると……お焦《こ》げだ！　鼻をくすぐる香ばしい香りが鍋底から立ち昇る。イベントめく石鍋の底で見つけるお焦げより、ありふれた文化鍋の底に発見するお焦げは、どうしてこんなにありがたいのかしら。

家族三人なら二合。二人なら一合半。炊飯器ならピーと終了音が鳴るまでたっぷり四十五分は費やすところを、鍋なら最短二十分少々。何より保温しっ放しのごはんとサヨナラできて、正直なところ安堵《あんど》した。そうなのだ、何も炊飯器というキカイに非があるのではない、保温したまま乾燥させっ放しにしてひたすら劣化させるところが元凶なのですよ。

求めよ、さらば与えられん。ほどなくわたしは、昔ながらの羽釜スタイルをコンパクトに再現したスグレものと遭遇し、逃さずゲットした。その名も「釜炊き三昧《ざんまい》」。本体はアルミ製、ふたはずしりと重いステンレス製である。お竈《くど》さんのような効果を再現しようと、周囲に保温カバーまで装着させた創意工夫が泣かせる。実際のところ、炊き上がりは文化鍋をぐんと凌《しの》いだ。

こうして、わたしは飯炊き道にハマッた。

京都、祇園《ぎおん》。路地を何本か入った奥に、とあるちいさな割烹《かっぽう》がある。連日、客が席を争うこの店のカウンターにわたしは座っていた。

わたしのごはん炊きの基本、文化鍋。ごはん炊きの火加減は、まずこれで学習すべし。おいしいごはんの炊き方は、p.260 に。

ああ今夜もすばらしかったなあ。と、そこに締めくくりのごはんが運ばれてきた。絹の輝きをまとった、とびきりのつややかさ。箸《はし》ですくって、ひと口。じわあーっとふくよかな味の深さが味覚を捉《とら》える。この幸せに浸っていればよいものを、そこは飯炊き求道者の哀《かな》しい性《さが》で、学習意欲に火がつく。

「米はやっぱり水に浸しますか？　火を細くするタイミングはいつです？　その後どのくらい火にかけます？　ええとそれから」

包丁をふるう主人の返答は鮮やかなものだった。

「あのね。やっぱり三十分は浸して水分を吸収させせなあきません。水の分量は、ふくれた米に対して同量。鍋を火にかけたら、沸騰するまで強火七分、中火七分、トロ火で十五分。これでたいていイケます。ただし、鍋によって火加減は微妙に違う。アルミの鍋なら、強火で沸騰させたら、あとはいきなり弱火。うちとこはアルミ鍋ですけど、火を弱めたら全体をアルミホイルでぴっちり密封して、熱を逃がさんようにするんです」

アルミの鍋は熱しやすく冷めやすいから、じわりじわり熱を加えて米が膨らむ力を後押ししてやる、そんな気持ちで。トロ火に変える直前、ほんの一瞬しゃもじで全体をガッと混ぜ、ひとつぶひとつぶふわっと立たせる速攻の隠しわざも駆使するというから驚く。

夜も更《ふ》けた祇園の路地を歩きながら、わたしはさっきの会話を脳裏に刻みつけていた。

しかし、炊飯器は意外なところでしぶとい粘りを見せた。連れ合いが台所に立つと、必ず炊飯器のほうを選ぶのだ。

「鍋で炊くと緊張するんだよ。火を止めるタイミングに自信がないからさ、時間はかかるけれど、炊飯器だと気が楽なんだよナ」

炊飯器が反撃を開始したのだ。

わたしはといえば、ごはんを鍋で炊き始めてから気になることがあった。水です。おいしい水で炊けば、ごはんのおいしさにストレートに跳ね返る。なんといいますか、清らかで雑味のない風味に炊き上がるのだ。なるほどね、と納得して硬度の低いペットボトルのミネラルウォーターに走ったが、値段は張るわ保管場所も取るわ、いちいち買う手間も労力も要るわ、なによりゴミが出る。半年過ぎて止《よ》しました。結局、ごはんを炊く水は、鉄瓶でいったん沸かした湯ざましか、冷蔵庫のポット型浄水器の水に落ち着いた。

——とまあ、こんなふうにして月日を重ねたのち、新米のころになってむくむくと

熱を抱けばそのぶん米に強い熱を伝える。内側にも釉薬がかかっており、くっつかないところも特徴のひとつ。さて、鍋で炊くごはんのおいしさに目覚めさせてくれたのが、「釜炊き三昧」（左下）。本体はアルミで、鍋底はたっぷり厚さ4㎜。ふたは重いステンレス、熱が逃げないよう釜にはかせたカバーは、噴いたおネバも受け止めるというスグレもの。むっちりもっちり、しっかりした味わいのごはんが炊き上がる。外観の好み、用途や使用頻度を考えて自分の好みにぴたりと合う鍋を見つけるのも、飯炊き道の道楽というべきか。

飯炊き道の頼もしきパートナーの面々。どれもこれもそれぞれにおいしく炊けるけれど、大モンダイがひとつ。おいしくて食べ過ぎてしまうんですね。要注意です。韓国・全州産の石鍋（左上）には周囲にステンレスの輪が巻かれ、割れにくい工夫が。使いこむうち石肌の光沢も増してきた。フランスの鋳物ホーロー鍋「ル・クルーゼ」直径16cm版（右上）は、2合分のピラフを炊くとき絶好のサイズだ。「値段も風情もさすが！」と唸らせてくれるのは信楽「黒楽御飯鍋」（右下）。驚異の厚手仕様で、鍋肌はたっぷり約2cm。立ち上がりには時間がかかるが、いったん

次の野望が湧き起こってきた。

「土鍋《どなべ》でごはんを炊いてみたい！」

なにしろ、足繁《あししげ》く通う地元の和食の店で締めくくりにいただく秋の炊《た》き込み土鍋ごはん、これがすばらしかった。スーパーの棚で一九八〇円の値札をくっつけて並んでいるふつうの土鍋なのに、牡蠣《かき》ごはんも蟹《かに》ごはんも驚きの美味である。

そこに山があれば登りたい。いや、山がなくとも自ら山をこしらえてしまうのがわたしの性分。いざ土鍋の山をよじ登るのだ。

一九八〇円版をスーパーで素直に買えばよいものを、どうせなら食卓にも映えるビジュアル系を、とつい欲が張る。あちこち探し回るが、意外にも気に入るものがない。結局、土鍋の土としても全国一、伊賀《いが》・丸柱《まるばしら》のものがベストか、と注文の電話を入れようと心づもりをしたその日の午後、ぐうぜん来客と土鍋話で盛り上がった。彼は力説した、「『無印良品』にいい土鍋が出てるんですよ――」。

ほお。北欧デザインを連想させるシンプルさ、鍋肌は一センチもの厚さ。炊き上がりは土鍋らしいふっくら感、いや悪くない。しかしね、持ちづらいんだな。三ヶ月も使ううち、わかってきた。しっかりホールドしにくく手が滑る。軽くモノが当たったたらチップが出る。少うしずつ、手が伸びる回数が減っていった。

台所は実験教室さながら、鍋に合わせて火加減もどうにか塩梅《あんばい》できるようになったその頃、おいしいものにうるさい知人から一通のメールが舞い込んだ。

「今朝、注文して二ヶ月待って入手した土鍋で早速ごはんを炊いてみました。とびきりうまいです！」

ソレ知ってる！　入手困難と評判のその土鍋がわずか一個だけ、デパートの棚に鎮座しているのを数日前に偶然目撃していたのだ。急げ。条件反射で電車に飛び乗った。

手にした土鍋は、その名も「黒楽《くろらく》御飯鍋」。お値段も重厚にサンマンハッセンエン。さすがにひるむ数字だが、そこはそれ、飯炊き道を突っ走る求道者ですから。

すべすべの黒い釉薬《ゆうやく》が外にも内にもかかっている。余計な装飾の一切ないシンプルなかたち。ずっしりと持ち重りのする重量感にも、なにやらありがたみが先に立つ。

いざ、噂《うわさ》の土鍋を初おろし。

しゅーっ。沸騰まで時間が要るが、いったん沸騰したら、大きめの蒸気穴から熱湯が吹き上がって外へ飛び散る。水加減を間違えたか、とあせったが、米二合に水同量。間違いはない。こりゃあすごい沸騰力だ……ハッと我に返った。感心している場合ではない。いつもの火加減では強すぎたのだ。こんなぶ厚い土鍋は一度熱を抱いたら、驚異の蓄熱力が炸裂《さくれつ》する。あわてて火を弱めたが、すでに遅かった。猛《たけ》り狂った土肌の勢いは抑えられず、鍋底のごはんは黒焦げ、炭化して底に貼《は》りついていた。

サンマンハッセンエンの迫力にも追いつめられたわたしは、連日崖《がけ》っぷちのごはん炊き。その結果、強火で炊いたのち、余熱で蒸らす時間を増やしてみた。つまり、鍋底の黒焦げを回避しようというわけだ。この鍋の蓄熱力に頼って、鍋自体の余熱でじわーっと炊いてみよう。実際、この方法ならお焦げも適度にうっすら。まずまずのもっちり感だ。さらには、内側にも釉薬がかかっているから、つるんと洗いやすい。

「へええ、鍋ひとつでごはんの味はこんなに違うんだなあ。すごいもんだ」

じつは、炊飯器の追撃はここに来て一気に弱まりを見せ始めていた。あんなに炊飯器に安全パイを託していた連れ合いが、鍋で炊くごはんのおいしさにぐらりときた。

「同じ炊くならおいしいほうがいいものな、やっぱりナ」

このセリフを耳にしたわたしは台所で拍手喝采《かっさい》した。しかし、わたしはわたしで、依然として黒楽の土鍋に翻弄《ほんろう》されていた。いや、細かい話なのですが、蒸らしに逃げる姿勢がどうも気にくわない。ごはん炊きはこれでいいのだろうか。もしかしたら方向を間違えているのかもしれない。

「ソレ間違ってますわ」

京都に電話をかけたわたしに、かつて飯炊きの道を指南してくれた割烹の主人が言った。

「それだけ厚手の土鍋には、より強い火が必要や。弱火にしたら、鍋があたたまるだけに熱が消費されてしまう。火は適度に強うしてやらな、米を炊く力に回りませんわ」

予感的中。この土鍋で炊くごはんはとてもおいしいけれど、どこかつんつん立つ勢いがない。それなりに粘りもあるが、なんとなく気弱な炊き上がりなのだ。ごはん炊きの道がこれほど険しいものだったとは――。

東京、麻布十番《あざぶ》。鳥居坂《とりいざか》下交差点のすぐそばにときおり足を運ぶ一軒の割烹がある。ご主人は京都の名店で料理長を務めたのち、東京で自分の店を開いたひと。その料理もまた、とびきり水ぎわ立っている。今日は夢中で松葉蟹を平らげた。そしてそのあと、「あ」と我に返った。いつも締めくくりは、土鍋ごはん。今夜も炊きたていくらごはんがすばらしかった。土鍋を自在に操るこの技は、知恵はなんなのだろう――。

お客の帰った店で、ご主人は懇切丁寧に教えてくれた。米は乾燥しているから、洗米するとき一気に水を吸収する。だから最初の水質が肝心。強火から弱火に変えるタイミングは、火を弱めても沸騰《ふっとう》する力強さが全く衰えなくなってから……祇園でも麻布でも、なるほどお客の熱烈な支持を集め続けるプロの言葉は、明快にして鋭く、含蓄に溢《あふ》れている。うなずくばかりのわたしに、「ただね」とご主人は言った。

「ただね、ヒラマツさん。一番大事なのは、自分がどんなごはんが炊きたいか、そこを明確にすることや思うんです。固いごはんか、柔らかいのか、どんなお焦げが好きか……仕上がりをどこに持っていくのか自分自身でわかっていれば、おのずと調整がつけられるようになるもんです」

そして、こうも言った。

「洗いやすい鍋が好きか、洗いにくくてもごはんの味にこだわるのか……そんなふうにかんがえれば、炊き方や鍋もおのずと決まってくるんとちゃうかなあ」

胸を突かれた思いだった。飯炊き道に迷いこみ、いつのまにか「自分の好きなごはんの味」が二の次になっていたのかもしれない。鍋のご機嫌を取ることばかりかんがえていた。

さりとて、ここまできて炊飯器との別れ話をこじらせるわけにはいかない。たとえばこの店で使っているその細長い土鍋……。

「あ、これはね、強火でしっかり沸騰させたあと、中火にして十二、三分炊いて火を止めます」

麻布の割烹で締めくくりのごはんを炊くとき使われる土鍋。信楽の窯元に依頼して店主がつくらせたこの鍋は、直径約18cm、高さ約19cm。たっぷり高さを取ったつくりなので噴きこぼれがなく、蒸らすときにもしっかり熱を保つ仕組み。最大の特徴は内側と底部に釉薬をかけておらず、ごはんを炊く部分を素焼きのままにしてあること。つまり鍋自体に自然な通気性が備わって自在に呼吸しており、お焦げもパリパリッと焦げて絶妙の仕上がり。お櫃の役目も果たしてくれる。

大事に横抱きにして、備品のひとつを借りて帰った翌朝。虚心坦懐《きょしんたんかい》をひたすら心掛けて、その通りに潔《いさぎよ》くごはんを炊いた。おそるおそるふたを取ったわたしは、ネクタイを締めている連れ合いに声をつまらせつつ叫んだ。「みごとな炊きあがり！」。ご主人は、これと決めた鍋を使いながら、いかに自分が満足のゆく炊き上がりを実現させるか、かんがえ抜いてきたのだ。「沸騰したあと中火で十二、三分」はその成果なのだった。

台所でにっこり。朝から幸せのごはんを頬ばりながら、脳裏をよぎる言葉があった。それはなんと、祇園でも麻布でも聴いた全く同じ言葉だ。
「ごはんはね、最終的には愛情ですわ。おいしいごはんを食べさせてあげたい、その気持ちさえあれば、おいしく炊けるもんです」

今ならよく理解できる。いつまでも鍋に振り回されていては、おいしいごはんは炊けない。そろそろ腰を据えて、自分の鍋と炊きかたを決めるときがやってきたようである。

——以上が、わたしのごはん炊きにまつわるこの十年の騒動記である。

手でつくる
──韓国の味

「ヒラマツさんの血中唐辛子濃度、高そうですねえ」

まずわたしの石焼ピビムパプをのぞきこみ、今度は自分のと見比べ、視線を二往復させたのち彼女はつぶやいた。そうでしょうとも。だって針はずいぶん以前に振り切れています。おなじ石焼ピビムパプなのに、わたしのはまっ赤。彼女のは白。こっちはチキンライスで、あっちはちらし寿司《ずし》である。

三十年近く、数え切れぬほど韓国に行ったり来たりを重ねてきた。数字でものごとを測りたがるひとは、何度通ったかと必ず問うてくるけれど、こう答えることにしている。

「三十回を越えたあたりで数えるのをやめたのが、十五年ほど前です」

そんなわけで、「血中唐辛子濃度」は着々と右肩上がりを更新し続けてきたのだった。

いや、大食い競争じゃあるまいし、辛けりゃいいってものじゃあないのです。しかしながら、この三十年、韓国の唐辛子のおかげで、わたしの味覚の官能力は驚異的に鍛え上げられたと言わねばなるまい。

辛さのなかに甘みがある。苦みもある。酸味もある。香りも、うまみもある。その複雑精妙な持ち味こそ、韓国の唐辛子の醍醐味《だいごみ》。つまり、辛さを受け容《い》れるにつれ、その内側に潜む味をより敏感に察知するようになっていったように思われる。ただし、韓国の唐辛子ならなんでもいいというわけでもない。やれ全羅北道《チョルラプクド》の扶安《プアン》産だ、いや淳昌《スンチャン》産でなくては……韓国のひとはみなそれぞれに、好みにこだわる。しかし、いくら上等な肉厚の大ぶりでも、これでなくてはお話にならないという条件がひとつある。

「テヤンチョ」

天日干しである。それも、からりと乾いた秋の陽射《ひざ》しでなければ。

全羅道あたり、秋に郊外の家を訪れると、いつも息を飲む。広い中庭いちめん、ルビーをばら撒《ま》いたような真紅一色！　むしろの上に手摘みの唐辛子がぎっしり並んでいる。高く澄み切った青空と濃く深い赤の陰影、その鮮やかなコントラストは衝撃的な美しさ。そんな唐辛子を使ってこそ、キムチのおいしさはぐんと跳ね上がる——うっかり話が長くなったが、「血中唐辛子濃度」は、韓国のごはんのおいしさとの濃密度でもある。そう吠《ほ》えたかったわけです。

さて、十種類以上のナムルや肉そぼろ、野菜をどっさりのせたピビムパプが赤いチキンライスに見えてしまうのは、コチュジャンのせいだけではない。

「ピビム」

つまり、混ぜる。ちなみに、パプはごはんのこと。ピビムパプは、混ぜて食べるごはん。だから正確には、「ビビンバ」というものはない。

スッカラ（匙《さじ》）でさっくりさっくり、けれども、全体がひとつになるまでしっかり。決して粘りを出さず、しかしすべてが均等に混ざり合うまで混ぜて、混ぜて、混ぜ倒す。ニホンジンなら「もうこのへんで」とおしまいにしてしまうタイミングは、ようやく六、七割レベルである。「もういいでしょ」とスッカラを置きかけて、何度「まだっ！」と指導を受けたことか。じっさいのところ、チキンライス状態のピビムパプと、ちらし寿司のままでは、味がまるきり違う。

混ぜた味。これこそ、韓国料理のおいしさの真骨頂である。食堂で隣合わせたひとを観察しただけで、すぐわかる。定食ならば、ごはんにおかずや汁を混ぜながら。冷《れい》麵《めん》なら、チョッカラ（箸《はし》）を右手に一本、左手に一本、握りしめて麵のなかに突っこみ、すっかりほぐして混ぜ終えてから。刺身丼も、ごはんと刺身とコチュジャンをぜーんぶ混ぜ終えねば気が済まない。いったん盛りつけても、そののちはあられもない混ぜっぷりなのだが、しかし、たったひとすくい頰張れば、そこには複雑至極の味わいが生まれている。混ぜてこそ味わえるおいしさの深みにハマッてからこっち、絵画のように美しい日本のちらし寿司さえ、ぐさぐさ混ぜてから食べたい衝動を抑えるのに苦労する。

さて、混ぜるときに握るスッカラ、これがまた世界に誇るワザありの逸品である。スッカラなくしては、混ぜることはおろか、食べることさえ難儀する。

川崎に住む在日二世のヨンジャさんが教えてくれたことがある。

「うちの両親は北朝鮮から日本へ身ひとつで渡ってきました。着のみ着のまま、文字通り裸一貫。けれども、これだけは、と手に握ったものがありました。それがスッカラとチョッカラだったそうです」

だから、彼女の家には日本の箸がない。

「子どものころはね、遊びに来た日本のともだちに『スプーンでごはんを食べるなんて赤ちゃんみたい』と何度もからかわれたものです」

キムチを漬け、ハングルを話し、チェサ（法事）を営む。毎度の食事のたびに握り

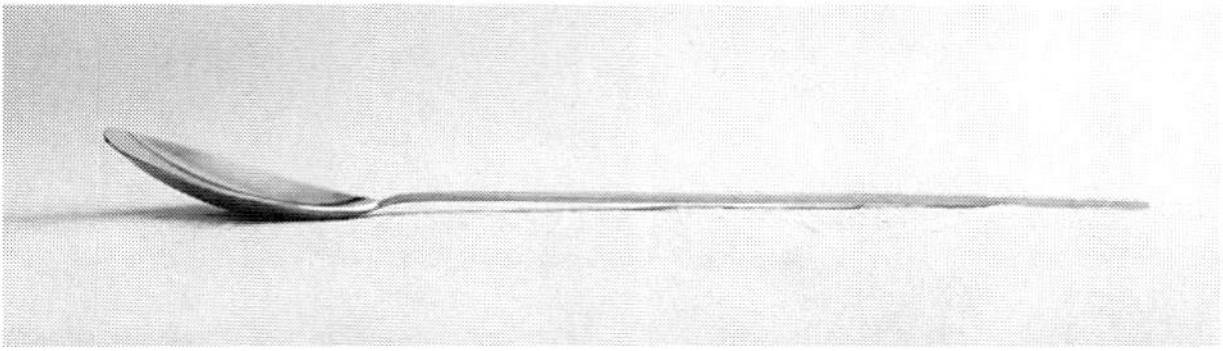

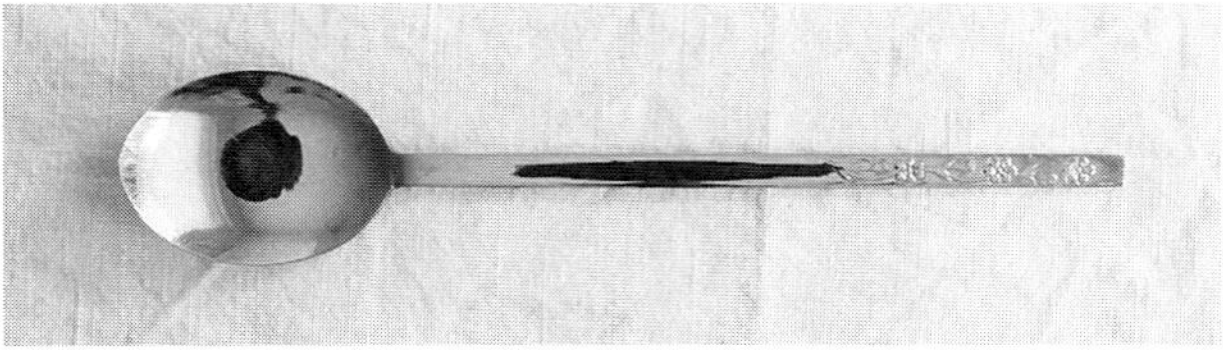

韓国のスプーン「スッカラ」の伝統的なかたち。全体にぺたんと平べったく、まるくて小ぶり。よく見ると、先端にかすかな突起があり、ほぐしたり切ったりするとき役立つ。こんな小さな道具にも知恵が隠されている。

続けるスッカラは、在日の暮らしに芯をあたえる存在であったろうか。

「ともいえるし、これ一本ですべてこと足りるともいえるし」

スッカラを注意深く眺めてみると、その優れた機能が解き明かされる。欧米のスプーンとはまるきり別物なのだ。まるくて平たい。カーブが極めてゆるく、ぺたんこ。すっぽり口に入る小ささ。先端には、素材をほぐすためのわずかな突起……一本のなかに韓国の食の知恵が結集している。

欧米のスプーンは、スープなど液体を口中に「流し入れる」ためのもの。それに較《くら》べてスッカラときたら、飲む、すくう、ほぐす、混ぜる、押す、切る……食卓でも台所でも、ありとあらゆる作業を請け負って、八面六臂《はちめんろっぴ》の働きぶりである。

ただし、昔ながらのスッカラはもはや消滅寸前だ。この三十年のあいだに伝統的なスッカラは姿を消しつつあり、形状はしだいに欧米のスプーンに近づいてしまった。スッカラさえも、「欧米化」というわけなのだろう。これでは食べにくかろう、使いにくかろう。外野は気を揉《も》むばかりである。

じつはスッカラのいらない「混ぜかた」がある。

「サム」

包む、です。スッカラで混ぜて食べるのがピビム、包んだりくるんだりして食べるのがサム。どちらもひとくちで十倍おいしくなる「混ぜかた」だ。

ソウルの焼き肉屋に行くとしよう。そこが観光客も足を運ぶような店であれば、あっちのテーブルは日本人、こっちのテーブルは韓国人、たちどころに判別できる。というのも、焼けた肉を箸《はし》でつまんで大急ぎで頬張るのは日本人。いっぽう、おもむろにサンチュやえごまの葉を左の掌《てのひら》にのせ、そこへ焼けた肉をのせ、さらににんにくの薄切りや味噌《みそ》をつけ、今度はくるりと包んで口に運んでいるのが韓国人。彼らが日本人の食べかたを目にすると、内心がっくりする。

「そんなまずそうな食べかたはやめてくれ」

たった一種類の味など、おもしろくもない。サンチュの緑のやわらかさが加わり、えごまの葉の香りが弾《はじ》け、にんにくの風味がパンチを効かせ、味噌がコクを深める。複雑に交錯《こうさく》したコンビネーションあらばこそ、香ばしい焼きたての肉のおいしさもいや増す。

サムパプという日常のごはんがある。つまり、包みごはん。使いますものはサンチュ、サニーレタス、ゆでた白菜やキャベツ。また、サム用に切った四角いわかめも定番である。そこに脇役《わきやく》として添えるのがケール、にら、チンゲンツァイ、えごまの葉、春菊、ねぎ、チコリ、カラシ菜……ほろ苦い緑を添えるところに韓国のひとびとの味覚の才をみる気がする。大きな野菜に小さな野菜を組合せ、そこに青唐辛子やらにんにくやら。味噌かアミの塩辛などをちょびっと添えて、ごはんといっしょにきゅっと巻く。

そのおいしさをなんといったらよいか。しゃきっと歯ごたえのよいキャベツを噛《か》み破ると、内側からいろんな味が弾け飛ぶのだ。そこをさらにじっくり噛みしだくと、さまざまな味わいが口中で炸裂《さくれつ》してさながら味の万華鏡《まんげきょう》である。

ただし、おなじ「混ぜる食べかた」でも、日本から渡って、すっかり韓国に馴《な》じんだものがひとつある。

「キムパプ」

キムは海苔《のり》、つまり海苔巻きですね。ごま油の風味がきいたごはんがとびきり香ばしくて、くせになる。基本のキムパプに入れるのは、ハム、きゅうり、かにかまぼこ、たくあん。日本の海苔巻きと違うのは、酢飯ではなく白いごはんを使うこと。そこに白ごまをふりかけ、海苔には刷毛《はけ》でさっとごま油を塗って細く巻く。薄く切って頰張ると、もうやめられない。

韓国人のお弁当は、なにはなくともキムパプである。ソウルから全州《チョンジュ》へ向かう列車「ムグンファ号」に乗りこんだら、おなじボックス席に座った全員が膝《ひざ》の上に広げたのはキムパプ弁当だった。幼稚園の遠足のお弁当も、どの子も示し合わせたようにキムパプ弁当。日本の海苔巻きは、いわば「ひとつの混ぜ飯のスタイル」として韓国に受け容れられたのである。

「最終的には混ぜて食べちゃうわけだから鷹揚《おうよう》なもんだな、韓国のごはんは」

ソウルに連れて行ってあちこちでごはんを食べさせたら、おしまいの日にこう言うひとがいた。「鷹揚」とはまた、気を遣って言葉を選んでくださって、どうも。ほんとうは「雑」「いい加減」って言いたかったのですよね。

とてもわかる、そう言いたくなる気持ち。このわたしだって、最初のころは悩んだものだ。韓国の料理番組を見ても、料理雑誌の記事を読んでも、どこにもレシピ、つまり数字が見つからない。ならば、と料理上手のオモニたちに聞き回ったところで、みなおなじ言葉を口にするだけなのだ。

「適当でいいのよ。いい素材を選んで、おいしい調味料を使えば、あとは自分の手さえあれば」

そして百人が百人とも、極めつきのセリフは見事にひとつ。

「おいしい味は手から出るのです」

のれんに腕押し、ミもフタもない言い草なのである。しかしながら、そののち二十年、韓国あちこちの台所に入り続けてわかったことがある。

「適当」もしくは「いい加減」、これが一番むずかしい。

かんがえてもみてください。「いい加減」、つまり「よい加減」であるためには、よいもの悪いものおいしいものまずいもの、すべてひと通りわかっていなければ、ちょうどよきところに着地させられるはずがない。はたから見ればなりゆきまかせの目分量に映りがちだが、しかし、指や目や鼻や、自分の舌や、親から教わった味や子どものころから食べてきた味や、あらゆる感覚と経験と知恵が総動員されてはじめて、鍋《なべ》に放りこむスッカラ一杯の唐辛子の質と量が決まるのだ。つまり、ひとそれぞれの腕がおそろしいほど露《あら》わになってしまう。レシピの数字を頼りにこしらえた料理より、はるかにシビアに。

もうひとつ、オモニたちがちからをこめて口にする言葉がある。

「調味料はだいじよ」

うっかり聞き流しがちな耳ざわりのよい言葉である。しかし、その言葉にこめられた本気を知るにつけ、慄然《りつぜん》とする。

「テンジャン、カンジャン、コチュジャン」つまり、味噌、醬油、唐辛子味噌を、オモニたちは自分の手でつくるのである。

テンジャン、カンジャン、コチュジャンは韓国の味の根幹を握っている。と同時に、それぞれの家庭の味の柱でもある。だからこそ、この三つを、多くのオモニたちは自分でつくる。いや、もっと正確に書くとこうなる——できあいのものを買うことはもちろんある。けれども、家の裏庭にハンアリ（瓶《かめ》）が並んでいれば、そこのオモニやハルモニは醬油も味噌も唐辛子味噌も、きっと自分でつくっている。自分でこしらえて熟成発酵させた一年ぶんの基本の調味料で、向こう一年ぶんの料理をまかなう——郊外や地方にゆけばゆくほど、そういうオモニやハルモニが隣近所に当たりまえにいる。

お取り寄せや食べ歩きをしたことなんかなくても、イタリア料理やベトナム料理なんか知らなくても、調味料を自分の手でつくることだけは決して厭《いと》わない。これが韓国の「適当」のすがたであり、「いい加減」のじっさいなのだった。

「自分の家の味は、自分でつくらなければ台所に立つ意味がないから」

本気なのだ。腹を据えているのだ。

「今年のテンジャンは珍しく失敗しました。でも、しかたがありません。今年一年は、この味噌がうちの味です」

気負いもせず、さらりとそうつぶやいたハルモニの顔を、わたしは忘れることができない。

ソウル市内のはずれに、いつも寄る汗蒸幕《ハンジュンマク》がある。汗蒸幕は、松の木を燃やして熱を溜《た》めた石のドーム の蒸し風呂《ぶろ》だ。コーヒー豆の麻袋を頭からかぶってひたすら熱さに耐えると、滝のような汗がだらだら肌をつたう。からだの芯《しん》からほかほか↓アカスリですすべ↓全身マッサージでとろとろ。火照《ほて》ったままの半裸姿でみぞれのように冷たく凍らせた甘い麹水「シッケ」を、喉《のど》を鳴らしながら飲み干す。冷え冷えの甘露水がたちまち全身にじわーっと浸潤していくそのとき、「生きててよかった〜」と本気で思う。

韓国のごはんというものは、からだの奥深いところになまなましく訴えかけてくる、そんなストレートなおいしさを潜ませている。

たとえば冷麺は、夏の食べものではない。吹きすさぶ木枯らしの音を耳に、あたたかなオンドル部屋できんきんに冷やした麺を啜《すす》る、これが韓国の冬の情緒を物語る昔ながらのワンシーンなのだ。ただし、ゆでた麺は手をまっ赤に凍らせながら氷水で揉み洗い、最後にぎゅーっと固く絞り上げる。麺の洗い加減、絞り加減ひとつ、つまり手の使いようで冷麺のおいしさはまるで違ってくる。

ソウルに行くたび、ふらふらと新沙《シンサ》駅を目指してしまうのは料理店「マサンハルメアグチム」があるから。この店で出すとろとろの蟹《かに》の醬油漬け「カンジャンケジャン」を思うと、たまらない。使うのは白翎島《ペンニョンド》で獲《と》れた質のよい雌だけ、何日もかけて丁寧に二度漬けすることまでは、何年か通ううちに知っていた。そしてついこの間、店主のハルモニが教えてくれた。

「うちのこの味は、乾いた清潔な布巾《ふきん》で一匹ずつ水分をすっかり拭《ふ》き取っているからなのです。きれいに、きれいにつくること。これがいちばん大事です」

つくづく感嘆する。行き着くところは、やっぱりいつもいっしょなのだ。韓国の味わいの核心には、かならず手の存在がある。鳴らした音叉《おんさ》が空気を微動させ共鳴させるように、手でたいせつにつくった味こそがからだの奥底まで伝わって響く。その事実に、つねに打たれる。

手でつくる
——うちの味

「ちょっとお行儀悪くてすみません。でもね」

　東京に暮らして十年を越したフラメンコダンサーのベニさんはそう言って、やおら腕まくりをした。

「でもね、アンダルシアに住んでる僕のママがいつも言っていたのです。サラダは手で混ぜなさい、味がよく馴染《なじ》んで十倍おいしくなるから、って」

　そして彼はちぎったレタスをボウルに放りこみ、オリーブオイルと酢と塩を振り入れると、ふわり、ふわりと混ぜ始めたのだった、両方の手で。

　わたしは「ほおお」と納得していた。スペインでも韓国でも、料理上手のお母さんはおんなじことを言うのだな。

　長年繰り返し韓国に旅を続けてきたけれども、私が骨のなかに叩《たた》き込むように感得したのは、つまるところ、やはりこのことだった。

「手はおいしさをつくる」

あたりまえでしょう、ですって？

ほんとうにそうだろうか。わたしたちは、和《あ》えものを手で和えるだろうか。肉を愛《あい》撫《ぶ》するようにじっくり揉《も》みこんで味をつけるだろうか。プルコギなんぞ、何種類もの調味料を加えたのち、もみもみもみもみ……愛情を注入するが如《ごと》く愛《いと》おしげに牛肉を揉みしだいてやるわけだが、その揉みようにはテクニックというものがある──このようにして、十本の指を道具として生かし、調理に活用する手にわたしたち日本人は馴染みが薄い。それは和食という料理が、素材の色やかたちそのものの美しさにもおいしさを見いだす料理だから。ふうわり、さっくり、つんもり、そんな日本語の数々も、菜箸《さいばし》や盛りつけ箸の先で仕上げる「細やか」で「繊細」な調理法がなければ、きっと生まれなかった。

夏のある日のことだ。わたしはソウル郊外の高層アパートの台所で昼ごはんをこしらえる手伝いをしていた。こしらえるといっても、冷蔵庫から唐辛子の醬油《しょうゆ》漬けやさつまいもの甘煮やら、つくり置きのミッパンチャン（小さなおかず）をずらりと並べたところに、ちゃちゃっと青菜のナムルだけつくり足そうというのがオモニのかんがえである。

小松菜を熱湯でゆでる。冷水に浸す。引きあげてきゅっと搾《しぼ》る。ざくざく切る。ボウルに入れる。そこに加えるのは、おろしにんにく、すりごま、塩、ごま油。そうして、手で青菜をほぐしつつ軽快に和えていく。

ここのうちのオモニのみならず、韓国では、野菜を和えるとき決して箸を使わない。頼りにするのは、自分の手である。指である。

「力を入れ過ぎてはいけませんよ。さりとて、力が弱過ぎてもだめです」

もう四十年近く台所に立ち続けてきたオモニがエプロン姿で隣に立ち、わたしに言い聞かせるように念を押す。

「だからナムルは誰がつくるか、人によっておいしさが決まる」

指にこめる力加減の決めどころは存外にやっかいである。力が入りすぎれば、とたんに苦みとアクが出て野菜の持ち味を損なう。しかし、力が足りなければ、きちんと味は入っていかない。「智《ち》に働けば角が立つ。情に棹《さお》させば流される」。とかくむずかしいところをするどく感知し、指先にかすかな力をこめたり抜いてみたり、五感を集中させながら的確に判断を下すわけです。

もっと厳密に表現するなら、指先に力を託すのではない。にんげんの指を使うことで、すでにごく自然な力が野菜に伝わっているところをよしとする。微細な動きが野菜の繊維をかすかに壊し、調味料はそのすきまに染《し》みこむことを了解したうえで指を使うのである。ここが日本の料理法と大きく道を分けるところだ。日本料理では、野菜は鋭く研ぎ澄ました鋼《はがね》の包丁でぴしり、ぴしりと切り揃《そろ》える。だいこんの千六本もにんじんのせん切りも、断面はきりっと切り立っている。その美しさを最大限に生かしながら、菜箸で「ふわあっ」と盛りつけるのだ。野菜の扱いひとつとっても、韓国と日本とでは要諦《ようてい》は真逆である。

ここらで味がじゅうぶん馴染んだかしら、という頃合いを見計らって手を引き上げ万事終了――こうして説明をくわえればなにやらまどろっこしいが、なに、手で和える時間はたかだか一分たらず。電光石火の早技である。ただし、なんのへんてつもないナムルも、手の使いようによって味わいはまったく異なる。一枚一枚の葉にヤンニョム（複合調味料）を手で塗りつけてこしらえる白菜キムチが、ひとつとして同じ味わいに仕上がることがないのは当然のことなのだ。

韓国中どこに行っても誰に聞いても、おもしろいほど同じ言葉が返ってくる質問がある。こう聞いてみてごらんなさい。

「料理のおいしさは、何で決まるのでしょうか」

すると老若男女《ろうにゃくなんにょ》、判で押したように答えるはずだ。

「それは手の味です」

そして百人が百人とも、こう続けるに違いない。

「味というものは手から出るのです」


ある秋の日、中国・北京《ペキン》にいた。

石畳が敷かれ、高い塀に囲まれた伝統的な四合院《しごういん》づくりの家々が並ぶ小径《こみち》に、エンジュの大木が心地よい木陰を落としている。自転車のベルの音。新聞売りの声。夕方のにぎわいを背中に聞きながら、古い一軒の家の門をくぐる。

「さあ、どうぞ。お待ちしていましたよ」

すっきり片づけられたテーブルの上に、まっ白な小麦粉の袋。とびきりおいしい餃子《ギョーザ》をつくるという蔡《ツァイ》おばさんに、餃子のつくり方の手ほどきをお願いしたのだった。

「あのね、私は特別でもなんでもありませんよ。だって、どこの家でもみな同じように、子どものときからつくり続けているんですから」

じっさい、その一部始終は熟練のたまものであった。粉に目分量で水を加えて蔡おばさんが生地をこね始めると、ぼそぼそだった表面が掌《てのひら》の下でうねりながらぐんぐん艶《つや》やかに変化してゆく。そのカタマリを十五分も休ませれば、しっとり赤ちゃんの肌のような柔らかさ。そのまんなかに親指でぶちっと穴を穿《うが》ち、ドーナッツのように両手で細い輪っかに伸ばす様子に、わたしは圧倒された。長い大きな輪っかができたら、それをぶちり、ぶちり。切って、掌の腹で押し、丸い円をつくる。

これはすごい。目分量の水を加えたのち、こねる、握る、のばす、押す……さまざまな手の動きを与えられて変幻自在、さっきまでのただの白い粉は、あっというまに「餃子の皮」としての命を吹き込まれたのだった。

（これが中国四千年の歴史というわけか）

わたしは目をまるくするばかり。

「アラ、私はたった六十三年しか生きていないわよ」

蔡おばさんはそう言って笑うが、目の前でこともなげに繰り広げられる超絶技巧は、一朝一夕に身についたものではなかった。いよいよ丸い円に麺棒《めんぼう》を当て、くるくる真円の皮に伸ばすその間、ものの十五秒。掌に置いてあんを詰め、指先できゅっと閉じる……そのすべては、あたかも指先で行われる軽やかな手品。負けじと挑戦してみるのだが、一方のわたしがこね上げた生地は力のないよれよれのカタマリにすぎない。

そうして、悔しいじゃあないの、興に乗ったおばさんは閉じ目を麦の穂のように内側

北京スタイルの水餃子はこんなふうにつくります

①肉に調味料を加え、味を肉の繊維に入れるようなつもりで、しっかりと練りこむ。

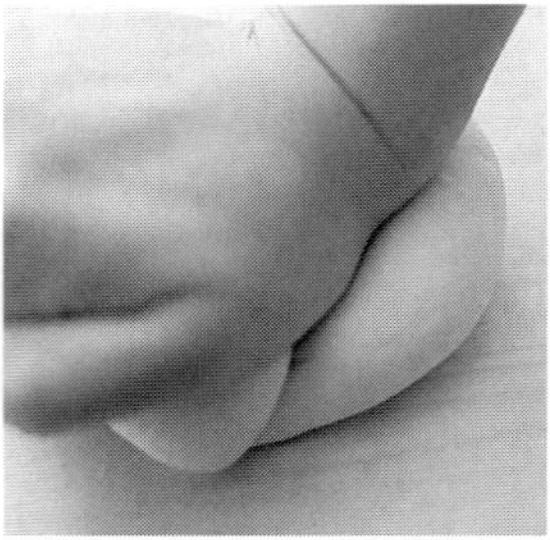

②粉に水を加え、手首に力を込めてこねる。一度寝かせ、再びこねると生地は玉肌のように輝く。

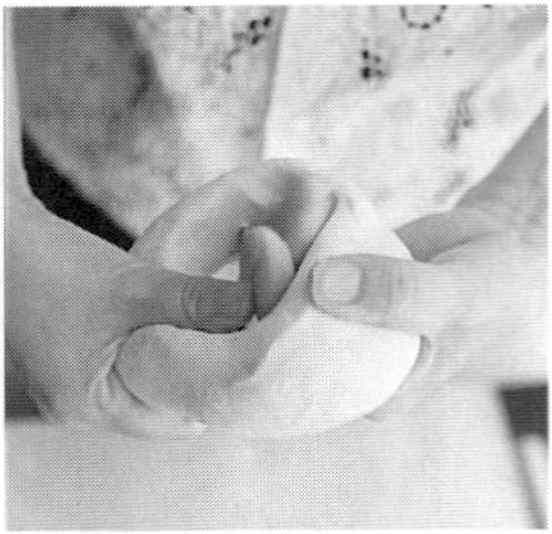

③生地の中心に親指をぐいっ、ブチッと突っ込み、穴を開けてドーナッツ状に広げる。

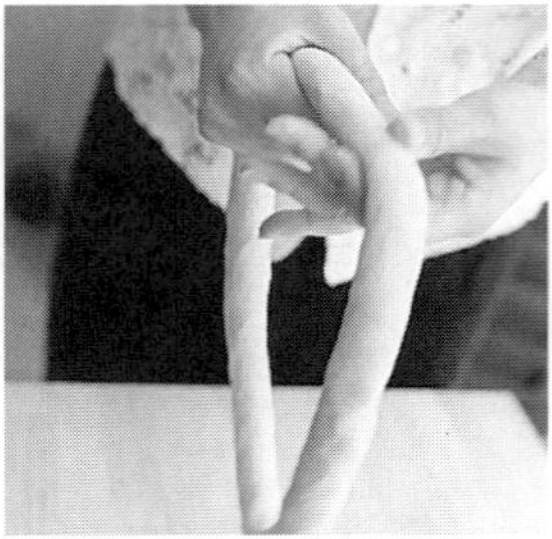

④にぎにぎ。両手を使って、ゆっくり少しずつ細く、広くドーナッツの輪を広げてゆく。

材料は強力粉2カップに水約2分の1カップ。
1回目をこねるときは息が切れるほど力を入れるべし。
中国・北京で教わった方法そのまんま、私の水餃子のつくりかた。

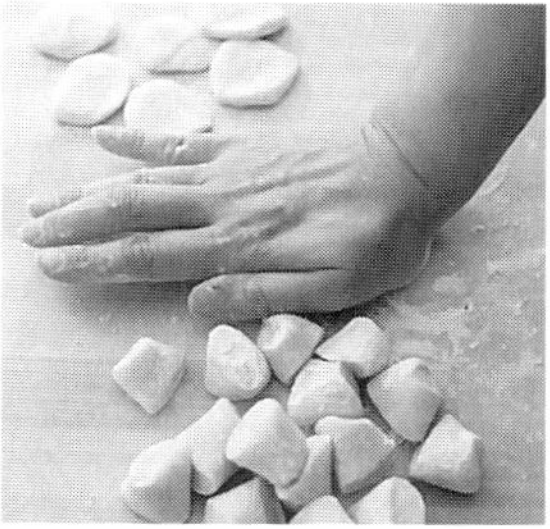

⑤紐を転がしながら切り、頂点の尖ったところに掌の腹を当て、下へぐいと押して丸くする。

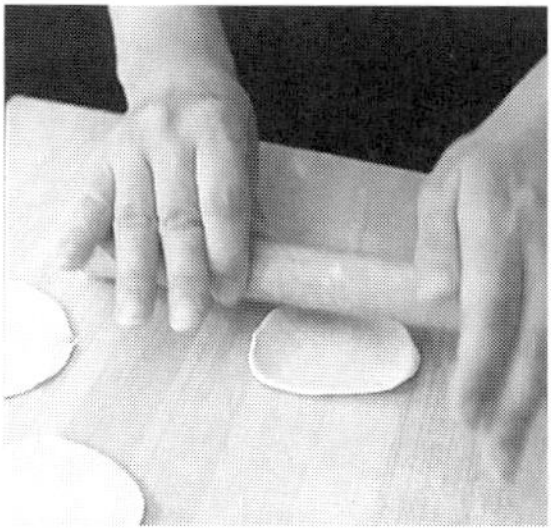

⑥麺棒を当て、丸く広げる。縁を重ねて閉じる周辺は薄く、中心は厚めにするのがコツ。

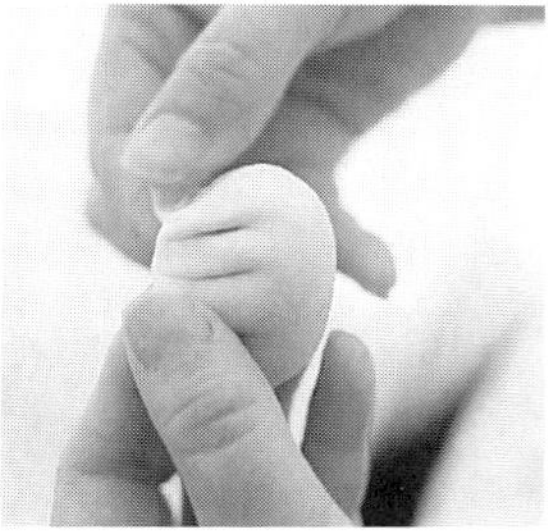

⑦あんを入れ、両手の指できゅっ。生地をこねてつくった餃子は閉じるときも水いらず。

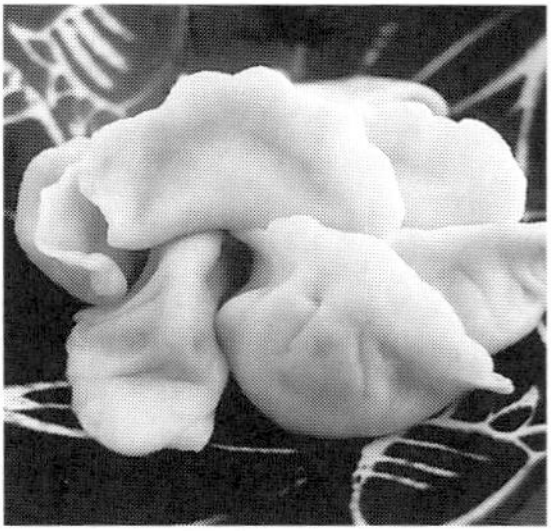

⑧ゆでたての餃子を頬ばると肉汁がじゅわっ。う、うまいっ。指の跡が食感に楽しさをもたらしている。

に折り込む高等技術をも披露してくれるのだった。

ゆでたての水餃子を口に放りこむと、なかからじゅわーっと熱い肉汁がほとばしり出る。噛《か》みしめるたび広がる小麦粉の滋味。なるほど、餃子は粉のおいしさを味わうものなのだ。そして、たて続けに三個頬ばったところではっと我に返る。

舌が感じている、この微妙なでこぼこ！

その正体は、皮を重ね合わせた端っこの厚み。ひだの重なり合い。きゅっと縮んだ先端のとんがり。つるんとなめらかな底の丸み——たった一個の小さな餃子に驚くほど多彩な食感が備わっている。だからこそ皮からこしらえた水餃子は何個食べてもちっとも飽きることがないのだ。

一個一個すべてべつものの繊細な舌触り。それを生みだしているのはただひとつ、おばさんのしなやかに動く手なのだった。さらさらのまっ白な粉と、ゆでたての水餃子を手指がつないでいる。

「幼い頃からいつも手伝ってきたんだもの。生地をこねるひと、皮を伸ばすひと、包むひと。わいわいおしゃべりしながら、どんどんつくります。そう、手が勝手に動いている感じ。だってお正月となれば一家総出で何百個もつくるのですからね」

乾燥する季節なら、粉に加える水は多め。湿気の多い日なら少なめ。分量など計りもしないけれど、しかし出来上がりはいつも変わることがない。それは、手がすべてを覚えているから。生地の固さ柔らかさ、こね具合、閉じ加減、ぜんぶ手に叩きこまれている。手がすべてを知っている。

北京の台所で、わたしはまたしても大きくうなずいた。手というものは、じつに緻《ち》密《みつ》なセンサー機能満載の台所道具なのだ。

「くさくさするから、出がけに台所でお皿一枚割ってきちゃった」

小声でそう教えてくれた友だちがいて、とっさに思った。へえそうなのか、そりゃもったいない。わたしだったらキャベツをちぎるところだ。

くさくさしていなくても、キャベツはいつもちぎる。せん切りにするときも、いったんちぎってから何枚か重ねて細く切るのが習慣だ。レタスも手でちぎる。ほうれんそうや小松菜もハーブもちぎる。根っこを取るときも、手で勢いよくちぎり取る。ピーマンもバリッと手で割る。

包丁の金っ気が移らぬように、という細やかな配慮もないわけではないけれど、やっぱり仕上がりの味というものが全然違う。包丁でスパッと切るのと、手でざっくりちぎるのとでは、味は別ものになってしまう。

べりっと剝《は》がすように粗くちぎったキャベツの葉を仔細《しさい》に見ると、道理がよくわかる。断面は山あり谷あり、土砂崩れのあとの山斜面。つまり、それだけ面積が粗く広く、そのぶん、調味料をすばやくたっぷり吸収する。すんなり味が入っていきやすい。なにしろ食感が違う。箸でつまんで頰ばると、ひとくちずつ口のなかで鮮やかな変化が踊る。ちぎった一片一片は大きさも面積もそれぞれに違うから、ただのキャベツ炒《いた》めも決して飽きることがない。

あれ、そのセリフさっきどこかで……。そうなのだ、水餃子とまったく同じである。手でつくりだす味には変幻自在なしぶとさとでもいうべき厚みが備わっており、それが素材の持ち味を引き出す舞台装置の役目を果たしている。

じゃあ、道具なんかいらないじゃあないの？　その疑問ははんぶん正しい。研ぎすまされた包丁で千六本やかつらむきをほどこし、見事に刻まれた味わい。ざくざく素朴に手でちぎった味わい。そのどちらにも、際立《きわだ》った味とかたちがあるのだから。ただ知っておきたいのは、包丁と肩を並べて、手もたいへんに優れた台所道具のひとつだということ。

素材のほうが「包丁いりません」と言っている場合だって少なくない。たとえば身の柔らかな鰯《いわし》を開くには、包丁を操るのはまどろっこしい。中骨《なかぼね》の上に両方の親指を差し込み、すうーっと指をすべらせて身を手開きするほうがずっと早い。骨抜きも同じだ。さらには、「魚へんに弱い」と書くほど足の早い鰯のこと、指で触れながら無意識のうちに鮮度の確認作業を行っていたりもする。それは、キャベツもほうれんそうもまったく同じ。思いがけず指先に触った葉の弱りをまっ先に見つける早さにおいて、目と手はいい勝負である。

からだひとつ、使いよう、生かしよう。自分のからだを侮《あなど》ってはいけない。

手秤《てばかり》という言葉がある。「塩ひとつまみ」は、つまり指三本分でつまんだ量のこと。小さじにすれば五分の一。おおよそ一グラムの量である。「塩少々」といえば、指二本でつまんだ量。とはいえ「少々」と言われても、ひとそれぞれ感覚は全然違ってくる。けれども、自前の手秤を使いさえすれば、自分自身にとっての「ひとつまみ」や「少々」はつねに動かず、一定の味をつくるための船頭を得ることになる。

からだというものは、使えば使うほど限りなく用途は増え、身体能力に磨きがかかる。

だから、わたしの手はめっぽう忙しい。ナムル、プルコギ、キムチ、水餃子方面においても、熱心な学習成果を存分に発揮中である。挽《ひ》き肉をこねるときは、手はミキサーさながらに奮闘する。力さえ及べば、青菜をちぎったり、れんこんを割ったり、できるだけ野菜を切るときは手を優先させてみる。粗熱がとれたかどうかすばやく知るには、指の腹で触れてみるのが一番だ。塩をまんべんなく振るときは、手首にスナップを利《き》かせて高い位置からパラパラ塩の雪を降らせたりもする。

しかしながら、こうも思う。手を十全に使うには、手の代用道具をも使いこなせなくては。ピーラー。せん抜き。ミキサー。しゃもじ。お玉。菜箸《さいばし》。もちろん包丁も。道具を上手に使いこなす最大の鍵《かぎ》は、いかに自分の手の力を的確に道具に伝えることができるか。ここに尽きる。

「敵を手玉に取って操り、まんまと牛耳る」のが道具ではない。それは、手の延長線上で代わりを引き受けてくれる頼もしい助っ人《すけと》である。自分の手の先がいっとき、道具に変身したかのような一体感が手に入ればしめたもの。手と道具が一体となればなるほど、あらゆる台所仕事には一切の滞りがない。

どうやら、こういうことのようだ。道具を使いながら、自分の手の使いようもしらずしらずのうちに身につけている——。

カウンターに座る楽しみのひとつは、職人の動き、それも手の技をつぶさに視界に捉《とら》えられることだ。なかでも鮨《すし》と天ぷらは、その悦楽を最大限にふくらませ、味わわせてくれる食べものではあるまいか。鮨と天ぷらを味わう日は、よし目を釘づけにして楽しむぞ、と張り切ってしまう。

衣にくぐらせた海老《えび》の尻尾《しっぽ》をつかみ、すうーっと押し出すようにして油の鍋《なべ》に滑りこませる。指の先が、送り出す海老にかすかな威勢をつけている。

(あれが指ではなくて菜箸で挟んでいたとしたら、どうしたってボチャンと落下、衣の美しさは崩壊するんだろうナ)

目の前に置かれた瞬間、揚げたてに齧《かじ》りつきながら、思う。鮨屋の暖簾《のれん》をくぐれば、つけ台をあいだにはさんで職人と向かい合う。その日おいしいものはプロのほうがこちらより百倍承知だからたいがいおまかせにして、そのぶん視線を忙しく働かせる先はほかならぬ職人の手である。

鮨飯を握る。その瞬間、一流の職人ならば一グラム十つぶたりとも狂うことなく同じ分量を摑《つか》み取り、同じ加減で握る。いや、数字なんか必要ない。優れた食べ手であればあるほど、たちまち了解できるはずだ。手にとったときの重み。口に含んだときのかさ。そして、佇《たたず》まいのよいすがた。しかし、鮨飯ひとつぶひとつぶの間には、ふうわり空気をはらんでおり、口に入れれば、ほろりとほどけながらタネといっしょに混じりあう――。

しなやかな鮨職人の手さばきを目《ま》の当たりにするたび、実感する。鮨というものは、だから世界に比類がない。日本人は凄《すご》い食べものをつくり出したものだ。かんがえてもみてください。口に運ぶその直前まで、ひとの手のなかにあるんですよ。握るのも一瞬、食べるのも一瞬。小さな鮨ひとつ、あっというまにのどの奥に消え失《う》せるが、あとにはふくよかな余韻があらわれる。そのあといつまでも、よい記憶として残りつづけるのだ。

鮨は、まことに手から生まれる芸術である。

カウンターで感嘆のため息をついていたら、娘が耳もとで囁《ささや》いた。

「お母さん、お鮨握れなくても、おにぎり上手に握れるじゃない」

あのね、そりゃ同列には並べられないでしょ。そう言ったあと、はて。にわかにかんがえを巡らせた。

熱いごはんをふうふう言いながら、塩を入れた手水《てみず》をつけて両手で握る。力まかせに握っては石のように固くなる。さりとて、弱過ぎてはかたちが崩れる。適度な、まさに適度としかいいようのない力の塩梅《あんばい》でひと握りのおにぎりを結ぶ。俵も三角も、食欲をそそる愛らしいかたちに仕上がっていながら、がぶりと頬ばれば口のなかでほろっと優しくほどける。米つぶの間に空気を含ませて握っておかなければ、決してこうはいかない——なるほどその握りかた、食べ心地の妙は、確かに鮨に相通じているのかもしれない。さらには、こうも思われた。手指にほどよく力をあやつって空気をふくませるその加減は、ナムルにも餃子《ギョーザ》にも、そしてさまざまな国の料理にもどこかでつながっているのではないか。

さわやかな初夏の朝の空気がことのほかうれしくて、いそいそ米を研ぎ、土鍋でごはんを炊《た》く早朝六時半。

ふと思いついて、炊きたて、蒸らしたてのごはんを、今朝は塩おにぎりに結んだ。あっというまに掌がまっ赤。あっちっち。ほっ、ほっ、と転がしながら握る塩おにぎりはひとつぶひとつぶが艶《つや》やかに輝き、ふんわり三角。まずまずの出来に握れるようになったのは、ここ十年くらいのことだろうか。そうしたらついでにもっと手でつくりたくなって、ほうれんそうのごまよごしの予定を急遽《きゅうきょ》変更、ごま油とおろしにんにくを加えて、しゃかしゃか手で和えてナムルにした。

(今日のほうれんそうは、少しばかり葉っぱが強《こわ》いんだな。ということは少し、塩多めだな)

口に入れるよりひと足先に、手がほうれんそうを味わっていた。

手はおいしさをつくり出す。いや、それ以上に、おいしさの意味を教える。

そもそも「旬」とは十日ほどを指す言葉である。そんなごくわずかな短い日々だからこそ、刻々と移ろう季節の味をからだぜんぶで感じたい。

旅日記・韓国のごはん

×月×日　ぶるり武者震い。タラップから降り立ったわたしに、済州島《チェジュド》の海風が挨拶《あいさつ》代わりの強いひと吹きを見舞った。いつものトランクひとつ、南の港町でなければ遭遇できないあの味この味、勇んでやってきた旅の始まりである。

韓国最高峰・標高一九五〇メートル、漢拏山《ハルラサン》の噴火によってできたこの小さな島の暮らしぶりは独特だ。

「風が強くて、女が強くて、石が多い」

済州島はそういうところよ。ソウルの友だちが教えてくれた。そもそも男がなまけもの。独身女性を「ビバリ」（島娘）といい、結婚したら「ノンバリ」、つまり「苦労人」というのだそうな。やれやれ、ここは女が男のぶんまで働いて苦労する島なんですと。

そういえば、のほほんと間延びしたこの町の空気はどこかに似ている。ええと……

と頭を巡らせ、思い出したのはタイのプーケットなのだった。

荷物を解《ほど》いてさっそく舌慣らし、ムクゲの花の看板を掲げた「模範食堂」を探して歩き始める。陽射《ひざ》しあたたかく、空気緩く、ひとも犬も猫ものんびり。たちまち了解して、わたしは歩く速度をソウルにいるときより半分くらいに落とした。

×月×日　雲丹《うに》とわかめのスープ「ソンゲクッ」、小魚チャリのぶつ切り入り酸《す》っぱい冷や汁「チャリムルへ」、とこぶし焼き「チョンボク」。済州島にしかない海の味を、最初に食べたい。

町いちばんと評判の「ボゴン食堂」に行ってみよう。あそこなら、きっとぜんぶ揃《そろ》っている。狙《ねら》い定めた勘はぴたり的中、地元客でにぎわう「ボゴン食堂」のテーブルに焼き甘鯛《あまだい》、鯖《さば》の辛いギョリム（煮つけ）、とこぶし入りトゥッペギ（土鍋《どなべ》仕立て）まで並んでオールスター勢揃い、のっけから幸せな迷い箸《ばし》である。

雲丹、鮑《あわび》、とこぶし、さざえ……済州島の新鮮な海の幸は、地元の海女《あま》たちが採ったものだ。ゴルフ場やリゾートホテルがあちこちにできてのんきな観光地になり変わった様子の島だけれど、食卓には昔ながらの海の生活がある。雲丹のこくとわかめのだしが効いた素朴なスープの深い塩味も、コリッと硬いチャリの骨が舌に残る冷や汁のさわやかさも、その内側には、島の暮らしがふくらんでいる。

×月×日 海だけに甘えてはいないのが済州島のたくましさだ。陸《おか》に上がれば名物はフッテジ、つまり黒豚。潮風を浴びて繁《しげ》った草をたらふく食《は》み、のんびり育った黒豚は今や全国区の高級ブランド。肉質はこっくり甘く、やわらかく、あと味がすっきりキレがいい。

そもそもこの島は元時代、牧畜用に飼われ始めた済州馬の生育地である。頑健で性格穏やか、しかも土地に対する適応力が強い済州馬は、農耕や交通に重要な役割を果たしてきた。二十一世紀に入ってから馬から豚へ選手交代、こんどはフッテジクイ（黒豚の焼き肉）のお株が急上昇したというわけだ。

光る海を眺めながら、冷たい生ビールをぐびっ。目の前で新鮮な皮つき黒豚の厚切りがこんがりじゅわーっ。もうたまらない、夢のなかで何十回も生ツバ飲み込んで恋い焦《こ》がれた光景がたったいま、目の前にある。はやる気持ちを抑えつつハサミでじょきじょき、香ばしい熱々をサンチュとえごまの葉っぱにのせ、そこへ味噌《みそ》とにんにくものっけて包む。

済州島の1日め。こんなものを食べました。

撮影・平松洋子

小魚チャリ入り、酢味の効いた汁。

「車中のおやつに」とお焦げをもらった。

イカ釣り船の灯りが沖にともる。

網焼きで昼間からイッパイ。

魚の塩辛のおいしさは韓国随一。

熱々の味噌チゲはとこぶし入り。

箸を一本ずつ両手に持ち、まずは混ぜるのが食前のお約束。

キムパプはやっぱり済州島に行っても食べたくなる。

×月×日　霧雨模様の昼下がり、島の北端から、水岳渓谷を抜けてひたすら山中を南へ。もうひとつの隠れた味を探し求めて車を走らせ始めてから、二時間が過ぎようとしていた。

「あッありました、あそこです！」

同行のキムさんが指差す先、霧の中にキジのしゃぶしゃぶ鍋専門店「ハルラソン」が現れた。

さばきたてです、まずは刺身でどうぞ。薦められておずおず箸でつまんだ胸肉は、淡白でしっとり舌にからみつく。もも肉は噛《か》みしめるたび、じわっじわっと濃厚なうまみ。どれ、次はレバー……と、ここでわたしは目を見張った。

甘い。その一瞬のち、とろりとろけて雲のようにふわっと正体を消す。レバーだけは苦手で、と及び腰だったキムさんが「この味はいったい……」。みな呆然《ぼうぜん》として目を泳がせた。店主が誇らしげに胸を張る。

「馬のレバー一個は牛のレバー十個ぶん、ところが馬のレバー十個とキジ一個ぶんの栄養価が同じなんです」

比較の数字に頭がついていかない。そこへ煮えばなの鍋が運ばれてきて、はっと正気に戻る。熱いキジのスープには、薄切りのだいこん、芹《せり》、えのき茸《だけ》。

うれしたのし。
絶品キジしゃぶに大興奮！

まさかのっけからこんなおいしさに
出合えるなんて！
旅先で思わぬ美味に
遭遇したときほど、興奮する瞬間はない。
刺身、しゃぶしゃぶ、締めくくりの
手打ちそば。昼間から
こんな至福に身をゆだねていいのか。

舌にからみつくようなもも肉や胸肉、レバーの刺身のすばらしさにうっとり、言葉も出ない。自由に運動して元気に育ったキジは下の写真の通り、ももに齧りつくと、強靭な腱の歯ごたえがガツンと味わい深い。

咲いた花のように盛られたキジの胸肉を箸でつまみ、湯気を立てる熱いスープですぐ。表面が白んでぷっくりふくれた瞬間、「今だ」。すかさず引き上げ、塩入りごま油をちょろり。スープを吸った外側の繊維が歯と歯のあいだでほどけ、半生の内側から肉汁がじゅうっと滲《にじ》む。

言葉を口にする者は、もう誰もいない。

最高潮はまだ続いた。締めくくりは済州島産のそばを碾《ひ》いて打った自家製そば、しかも、たっぷりだしの出たスープに新たに加えたのは一羽ぜんぶのガラ！　つまり、キジまるごとすっかり味わい尽くすという趣向なのだった。

キジのうまみを吸い込んだむちむちのそばを啜《すす》りながら、わたしはひざを叩《たた》いた。

「東京の、あの鶏《とり》鍋そっくりだ」

湯島「鳥榮《とりえい》」の鶏スープ鍋である。すべてのむだを削《そ》ぎ落とし、ひたすら美しく澄み切った味。その潔《いさぎよ》さは、味わう者から感嘆のため息だけを引き出す。おなじため息を、韓国の南の端で洩《も》らすことになろうとは。

はるばる来なければ決して出逢《であ》うことのない味がある。済州島のキジの味には、海と山の自然がぎっしり詰まっていた。

「この鍋は、じつは母がつくった味なのです。娘の私が忠実に引き継ぎました」

最後まで圧倒されっぱなし、あっという間に三時間が過ぎていた。その帰り際《ぎわ》、なんとも去りがたくて後ろを振り返ると、店の男たちがテーブル囲んでビール片手にトランプ遊びに夢中である。そうだったよ、ここは済州島。さっきから厨房《ちゅうぼう》でくるくる立ち働くのは、なるほど女たちだけなのだった。

×月×日　韓国全土を震撼《しんかん》させる珍食奇食が、全羅南道《チョルラナムド》にはふたつある。ひとつ、生き蛸《だこ》の踊り食い。ひとつ、発酵したエイの刺身。生き蛸を口にすれば、逃げ場を失ってあがく吸盤が喉《のど》に張りつき窒息寸前。エイの刺身は強烈なアンモニア臭が脳天をつんざき、悶死《もんし》寸前。どっちにしてもろくな事態を招かないということだけは、子どもにだってすぐわかる。

ところが、そのふたつに対決を迫ろうとしている猛者《もさ》はこのわたしだ。三十年韓国に通ううち、ソウルで「もどき」を口にしたことがあるだけに、その中途半端《はんぱ》さがいまだにくやしい。

いざ本場ものに勝負を挑まん。鉢巻きを締め直して空路、全羅南道へ向かう。目指すは生き蛸の本拠地、木浦《モッポ》である。

×月×日　蛸専門店がずらり軒を連ねる木浦・犢川《トクチョン》の通称ナクチ通り。どの店の入口の水槽にも、特産セバルナクチ（手長蛸）がスイーッスイーッと元気よく遊泳中だ。黒目がちのつぶらな瞳《ひとみ》に腰は引けるが、武士にUターンは許されない。

ところが、いきなり正念場がやってきた。テーブルに着いて呼吸を整える間もあらばこそ、あっさり生き蛸が登場してしまった。おばちゃんがどんっと置いた小さなボウルのなかでセバルナクチの細長い手足がふわ、ふわ、ふわ、泳いでいる。

（どうやって口のなかに入れろというのか）

恐怖と不可解が混り合って頭はまっ白。と、そこへおばちゃんが左手を伸ばして一匹むんずと捕獲、右手に握りしめた割箸の先端を非情にも頭にぐぐーっと突っこんで串刺《くしざ》しにしとめた。宙ぶらりんの足八本、指でしごくこと二往復。それをくるくる束にからげて割箸に縛りつけ、味噌をぺっとりつけたら、生き蛸巻きの割箸をわたしの口にずいっと差し込みにかかるのだった。

さあ早く。身を乗り出して迫るおばちゃんの口紅の赤が濡《ぬ》れて光る。壁に追いつめられてこじ開けられたわたしの口は、上の歯と下の歯の間に挟んだ割箸を必死でしごくほかなかった。

きゅーっ。上あご、頬の裏、喉《のど》。吸盤がいっせいに蠢《うごめ》いて激しく暴れ、吸いつく。

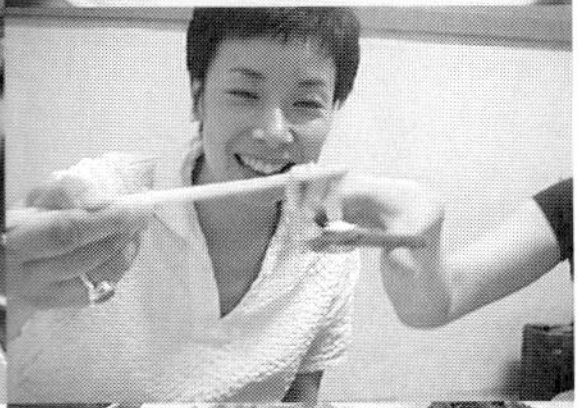

天下の奇食を前に大ピンチ!

こりゃあせりますよ。つぶらな瞳の手長蛸と、目が合ってしまった。しかし、おばちゃんは無慈悲にも割箸をブスリ、足をくるくる。割箸に巻きつけて、やおら私の口にねじ込むのだった。

恐れていたモノが、ついに目前に。生き蛸の踊り食い、木浦名物の奇食である。口に入るや、蛸は残るチカラを振り絞り、頰に、喉に、歯茎に吸盤が全力でキューッと吸いつく。それが「うまい」らしいのですが、私は二度と結構です。何しろ喉が窒息しそうなほど苦しいわけで。

逃げ場を失ってパニックに陥っているのは、しかし、蛸だけではない。うようよぬるぬる、この非常事態を切り抜けるには、もはや嚙むほか手がない。嚙みしだいておとなしくなっていただく以外に打開策はないと悟ったわたしは一気に攻勢に出た。

ぐにゅっ。そののち、こりっ、ぷりっ。歯に伝わってくる軽快な感触があり、そのとき「勝利」の二文字が浮かんだ。

たいした味はない。そのかわり、ぷちぷちきゅんきゅん吸いつかれるこの感触、このパニック感がたまらんのだとわかった。「へっへ」とオヤジのようにほくそ笑むのは、今度はわたしの番だった。

×月×日　吸盤の感触も口のなかになまなましい翌日、さあこの勢いに乗ってしまおう。大一番を迎える日はやってきた。

「キムメダル食堂」は、韓国第十五代大統領、金大中《キムデジュン》が卒業したという高校近くに店を構える。たとえ看板がなくとも、場所はすぐ知れるにちがいない。なにしろ、あたりにたなびくアンモニア臭の強烈さはどうだ。「キムメダル食堂」は、すでに一種異様な存在感を発していた。

メニューはきっぱり三つだけ。ホンオ（エイ）の刺身とタクチュ（どぶろく）をい

強烈なアンモニア臭！
エイの刺身で今宵、卒倒寸前。

半島の南ではエイがよく獲れるが、エイは味が淡白で軟骨が多く、お世辞にもおいしいとはいえない魚である。それを「おいしく」食べるための知恵の結晶が、この珍味だったというわけだ。コリッと歯ごたえがあり、噛んだ瞬間、強烈なアンモニア臭が頭のなかを駆け巡る。

っしょに味わう「ホンタク」、エイの刺身の「チム」（煮込み）、ゆで豚バラ肉と白菜キムチ、エイの刺身の盛り合わせ「サムハプ」である。

「せっかくですから、ぜんぶ食べましょうよ」

生粋《きっすい》のソウルっ子のキムさんがぜんやる気で身を乗り出したのは、隣のテーブルの一行がはるばる釜山《プサン》からやってきたと聞いたからだ。

「ソウルでだって、木浦の『ホンタク』と聞けばみんな怖《お》じ気《け》づいて尻《しり》ごみしますから。帰ったら自慢できます」

厨房でエイの身に包丁を当てている女主人はゴム手袋に白衣姿、まるで女医のいでたち。違和感たっぷりの立ちすがたが興奮に火を点《つ》ける。

大きな皿が運ばれてきた。整列した肉厚の切り身はありきたりの様子で、いささか拍子抜けする。

「ヒラマツさん、ぜひともお先に」

いい気になって最初に箸《はし》を伸ばしたが、毒味役をあてがわれたにすぎない。

厚いひと切れをぱくっと頬張る。嚙む。こりこり嚙みごたえのある肉と軟骨のなかから、ゆっくり立ち昇るナニカ。暗い穴を掘り進むように、続けてしこしこ嚙む。経験したことのない初めてのナニカ。それはみるみる口腔《こうこう》をもわーっと満たし、さらに鼻腔に向けて直撃を喰らわせ、一気に何千本の鋭い針となって脳天をきーんと突き刺した。

涙がせり上がっていた。発酵したアンモニアの刺激が電流となってびりびり走り抜け、からだが火照《ほて》る。顔をまっ赤に上気させて涙を垂らしているわたしを、みな呆《ほう》けたようにぽかーんと眺めている。箸を握りしめて固まったまま、うしろに倒れてしまいそうだった。

「これ飲んでください、早くっ」

思わずキムさんが薬缶《やかん》のどぶろくを注ぐ。

「!!」

腰を抜かした。なんなのだ、これは！　飲み馴《な》れたいつものどぶろくが天下の美酒に様変わりを遂げている。強烈なアンモニア臭に見舞われて悶死寸前、それをとろりおだやかなどぶろくが抱きしめ、刺激の荒ぶりをいっせいになだめにかかる。木浦の「ホンタク」は、たしかに「世界の奇食」にちがいなかった。

強烈な二重奏のまっただなかでくらくら、もうひと切れ、もうひと飲み、もうひと切れ……酒飲みの桃源郷がここにある。

そのあとのことは、よく覚えていない。しかし、どぶろくの薬缶には一滴も残らず、三つの皿はぜんぶからっぽになっていた。

×月×日　朝、ホテルのベッドで目覚め、冷たい水をコップ一杯。そろりと昨夜の記憶を手繰り寄せてみる。

白衣の女主人が教えてくれた。

——エイを熟成発酵させるこの料理は、韓国に二百年続く伝統の食べかたです。まず大きなオンギ（甕器）の底に干し草を敷き、そこにエイ、干し草、エイと何層も重ね、最後にぴっちり蓋《ふた》をかぶせて密閉し、炭をのせる。干し草は熟成発酵の温度を保ち、よぶんな水分を吸収させるため。炭は空気を浄化させて雑菌の侵入を防ぐため。熟成発酵は十八度で十日間、これがベストです。夏場、気温が三十度くらいの日が続けば三、四日間でじゅうぶん発酵します。エイはすばらしいアルカリ食品で、むくみを取り、利尿効果があります。腸をきれいにし、抗ガン作用も注目されているんですよ。この店を始めて三十数年ですが、私の美肌と健康はエイのおかげです。

——天下の奇食と一世一代の対決を果たしにやって来たつもりだったが、いやとんでもない、エイの刺身には、熟成発酵を巧みにつかさどる韓国の食の知恵と技術がぎっしり詰まっていた。

全羅南道の旅、5日め。伝統の定食で昼ごはん。

テーブルの足がたわむほど、これでもかと皿が並ぶのが韓国の定食だ。しかし数の多さに気をとられてはいけない。小さな料理ひとつひとつに、南の味がぎっしり濃密に詰まっている。ちょっとしょっぱめ、これまた南の味。

要人もソウルからお忍びでやってくるという、この店の名物「トクカルビ」。上質の牛カルビ肉を包丁で叩き、いったん丸くかたちづくる。そのあと網にのせ、今度はヘラで平たくならして炭火で焼くスタイル。余計な脂が出て、内側においしい肉汁がたっぷり、口のなかでじゅわーっと弾ける。百年を越える店の佇まいは座っているだけで芯から落ち着き、旅情ひときわ。

エイだけならたいした取り柄のない淡白さ、そのうえ軟骨が多く食べにくい。ところが、オンギや干し草、炭を巧みに使って発酵させることで、まったく別の新しい味を創《つく》り出す。自然に呼吸発散するオンギに詰めて発酵を促すのは、キムチやテンジャン（味噌《みそ》）、カンジャン（醤油《しょうゆ》）と共通している。

今夜も骨抜きになってみたいなエイの刺身で。もうもとには戻れない。とんでもない美酒を知ってしまったわたしは、むしろ不幸かもしれない。

×月×日　ソウルへ戻る日が近づいていた。さすがにここいらでクールダウンしようと、木浦から車で一時間、ドライブがてら海南《ヘナム》に足を伸ばした。静けさにすっぽり包まれた小さな町、一九二四年創業の老舗《しにせ》「チョンイル食堂」で昔ながらの南道定食が待っている。

名物の炭焼きトクカルビ、ニシンの塩焼き、カムテ（海草）や魚の内臓の塩辛……テーブルに乗り切らない港町の新鮮な味に、やっぱりここでも箸は止まりませんでした。

×月×日　済州島と全羅南道を日々転々、けれども、わたしの血肉には沸々とチカラが湧《わ》き立っていた。やっぱりすごいもんだ、韓国は。ポッと出のヨン様も「韓流」ブームとやらも、このさい許そう。三十年韓国を歩いてなお、行く先々訪れる季節ごと、空を仰いで感極まってしまう味がいまだ限りない。この南の小さな港町でも、また。

朝十時二十分、大韓航空機はいよいよ全羅南道・光州空港を飛び立ち、満腹をのせて一路ソウルへ向かう。

南の旅を終えて、一路ソウルに戻ってきた。

昼どき直前、新鮮な生野菜をどっさり揃え、準備を整えて臨戦態勢。

さっと昼食をすませたいときは、酸味と辛味のきいた爽やかなピビム冷麺。

さすがは健康フリークの韓国。トマトのリコピンが注目されてアイスにも。

ヨン様、ソウルでも営業中。

天日干しの唐辛子は、いつも京東市場の唐辛子専門店で買います。

昔の味の冷麺店では、ゆでたて冷やしたて厳守。

お焦げ湯スンニュンは麦茶のような味わい。食事のしめくくりに。

ソウルでかならず食べたくなるのは、
頑なに昔の味を守る店の料理。
もう半世紀まるで味を変えていません、
という店がちゃんと見つかる。
本当は、変えないことこそ一番難しいのだけれど。
そしていつも感じ入るのは、そういう店にも、
ちゃんと若者のすがたが多いことだ。
パスタもハンバーガーも好きだけれど、やっぱり
自分たちの国の料理が好き。そう言う若者は、
じつはとても多い。そんなところにも、
韓国の底ぢからが隠れているように思われるのだ。

III

わたしの季節の味

お茶にしましょ

ハワイに行ってきたんです、これすっごくおいしいの。お土産です。喫茶店の片隅で、トウコさんが言いながらバッグから小さな包みを取り出すので、膝《ひざ》を乗り出す。食いしんぼうの目がきらきら光っている。

「ほろ苦いコナのコーヒービーンズをね、ホワイトチョコレートでコーティングしたお菓子です。これがもうやめられないおいしさで」

持ち上げたカプチーノのカップを宙で止め、わたしはすかさず台所に並ぶ茶筒の列を脳裏に呼び戻した。コナ・コーヒーの豆にホワイトチョコレート！　鼻がぴくぴく動く。きっと日本茶でも中国茶にもぴったりだぞ――いつもの煎茶《せんちゃ》、それとも台湾の凍頂烏龍茶《トウチョウウーロンチャ》、ひょっとしたらお薄でも？　さて、うちに帰ったらどのお茶を淹《い》れようー―。

お菓子が目の前に置かれると、さてお茶はなににしようと思案する。ほとんど条件反射である。ありふれた醬油《しょうゆ》せんべい一枚も、熱い玄米茶といっしょならば、味わいはいや増す。パリパリ、せんべいが割れる音もうれしくて、わずかお茶一杯、当方いたって安上がりにできております。

「お茶にしましょ」

この言葉を口にするのも、誰かから声がかかるのも、たいそう好きである。待ってました。だってその瞬間、あたりの空気がぽん、と入れ替わる。ともすればのんべんだらりと繫《つな》がって流れていく日常に、舞台転換が訪れる。

しかしながら、その日そのときの一杯のお茶をじゅうぶんにこころおきなくおいしく淹れる、これがなんともむずかしい。茶碗《ちゃわん》を両手に受けて喉《のど》を鳴らし、最後の雫《しずく》まで甘露一滴、世のしがらみを捨て去ったかのように愁《うれ》いを払ってくれる一杯があるかと思えば、「こりゃまるでぬるい色つき湯水」、がっくりさせる一杯もある。

「いや、ほんまに。むずかしいわぁお茶淹れるいうのは」

明治八年創業、茶筒を誂《あつら》える京都の老舗《しにせ》「開化堂」の八木和子《かずこ》さんがそう仰《おっしゃ》るので、わたしは耳を疑った。

「ああおいしなあ、そう思えるお茶が淹れられるようになったんは、そうやねえ、ここ数年のことやわ。ずうっと大おばあちゃんが淹れるお茶には敵《かな》わんかったの」

嫁いで三十年余り、入れ替わり立ち替わり訪れる客に、家族に、日々毎日何度となくお茶を淹れ続けてきたひとがつぶやくのである。

いや、かんがえてみれば確かに。たとえ同じ茶葉、同じ湯だとしても、淹れ方ひとつで味はまるきり違ってしまう。たとえ在庫一掃セールの駄葉も、うまいこと淹れれば「わあおいしい、これどこのお茶ですか⁉」。それなり以上の味わいに出世する。

大手の都市銀行で副支店長の肩書きを持つ男友だちがこっそり教えてくれたことがある。

「ここだけの話、大事な上顧客に出すお茶を淹れるときは絶対あの娘じゃなきゃ、っていうの、あるんだよやっぱり」

勢いのよい湯の滾《たぎ》りが鉄瓶のふたを押し上げ、白い湯気がしゅんしゅん鳴っている。朝のひと仕事を終えて、時計を見上げれば午前十時半過ぎ。ここらでほっとひと息、熱いお茶でねじを弛《ゆる》めたい。はて、どのお茶にしよう。茶筒を取り出す手が一瞬迷う。そうだった、昨夜開けそびれたトウコさんのハワイ土産がある。まずは煎茶を試してみようか。

こと茶葉についてはたいした大尽ぶりである。日本茶なら煎茶、玄米茶、焙《ほう》じ茶、玉露、そば茶。中国茶なら、台湾に行くたび買いこんでくる清茶《チンチャ》、凍頂烏龍茶、金萱茶《ジンシュアンチャ》。先だって上海《シャンハイ》で見つけた、長い茶葉を針のように縒《よ》り合わせた苦丁茶《クーディンチャ》（痩《や》せるらしいです）なんてのも隠し持っている。紅茶ならアールグレイに矢車菊の花とオレンジピールやレモンピールをブレンドした「レディ・グレイ」（芳香にやみつき）、オーソドックスなヨークシャー州のブレンドティ。まだまだある、ギリシャの田舎町で食指を動かしたマウンテンティ（ハーブティです）も、京都・大原女《おはらめ》のおばあちゃん手製の京番茶（ハードな煎《い》り具合がたくましいです）も、高知のハブ茶（花粉症に効くのでは、と個人的に期待大です）も……せっせ茶飲みに精出している。

ただし、お茶の話はここから先がちとやっかいだ。気のおけない番茶や玄米茶、焙じ茶、そば茶、それにハーブティなら熱湯をたっぷり注いで香りや風味を引き出せばよいから手間いらず。しかし、玉露はさておき、日常ごくあたりまえの煎茶が淹れ方しだいでおいしさの質がまるきり違ってしまうのだから少々難儀なことである。

その端緒をほぐしてみよう。

お茶はそもそも、ツバキ科の常緑樹、茶の木から摘む葉っぱである。種類の違いは、発酵のさせ方の違い。茶摘みのあと、茶葉を蒸して発酵を止めるのが緑茶。半発酵させるのは烏龍茶。完全発酵させるのは紅茶。つまり、茶葉が蒸された日本茶（緑茶ですね）は酸化酵素が分解されているため、そのぶん葉っぱそのもののフレッシュな風味が生かされている。

ただし、煎茶ひとつとっても、十把ひとからげにはできない。緑の繊細な香りを残すために、さっと短く蒸しただけの「浅蒸し煎茶」、二、三倍の時間をかけてじっくり蒸し、とろんとうまみの濃い「深蒸し煎茶」、蒸さずに釜《かま》で炒《い》ってすがすがしい風味に仕上げる「釜炒り煎茶」……風味も香りも細分化されている。なかでも関東地方を中心に、売れ筋は香りが強く風味が濃い「深蒸し」。淹れ方の上手下手によらず、手軽にしっかり濃厚な味が出せる、というのが人気の秘密だ。なるほど、今や煎茶の味わいにも、うまみの強い濃厚な味を好む現代の嗜好《しこう》が反映されているのだった。

もちろん、一番茶を筆頭に、茶葉を摘んだ時期も味わいと値段に大きく影響する。さらには宇治茶、狭山《さやま》茶、伊勢《いせ》茶、八女《やめ》茶……産地によって栽培法も製法も違う。たとえ同じ静岡県内だって、土地によって葉の厚みや持ち味は存外に異なってしまう。

煎茶ひとつ、いろいろあるもんです。けれども、蘊蓄《うんちく》だけではおいしいお茶が淹れられないところが、お茶の淹れかたのむずかしさである。

「湯の適温は七十～八十度。茶葉はたとえばカレースプーンふつう盛り一杯。湯を注いで三十秒から一分待ちます」

生まれたときから茶埃《ちゃぼこり》の中にいました、と笑うだけあって「愛国製茶」代表・馬場章夫さんの言葉はじつに明快、お茶を淹れる手つきも確信に満ちている。青山「茶通人」で見せていただいた。

急須《きゅうす》を逆さになるまで傾けて静かに上下させ、愛《いと》おしむかの如《ごと》く最後のひと雫まで茶碗に注ぎ切って淹れてくださる秋摘みの煎茶。その茶碗を掌に乗せ、ごくり。重ねてごくり。思わずほうっとため息がまろび出る。このやわらかな渋み。この甘さ。この厚みのあるまろやかさ。まこと、お茶の味わいというものは五臓六腑《ろっぷ》にじわりと浸潤する。

「日本茶のおいしさは、タンニンとアミノ酸のバランスです。沸かしたての熱湯を急いで注いでは、苦みだけが突出してしまう。ぬるめの温度でゆっくり、茶葉に含まれたタンニンの渋み、アミノ酸のうまみや甘みを引き出してやるわけです」

喉もと通り過ぎてなお口中に馥郁《ふくいく》たる香りを残す煎茶をいただきながら、ちょうど二週間前、京都でいただいた氷だし玉露の甘露が舌先にころころ転がった瞬間を思い起こしていた。先斗町《ぽんとちょう》のどまんなか、「茶香房　長竹」のカウンター。あのひやっと冷たい玉露にも、舌先がねっとり絡《から》め取られるような甘美な誘いがあった。夏目漱石《そうせき》

『草枕《くさまくら》』の一節が思い出された。

「茶碗を下へ置かないで、其《そ》のまま口へつけた。濃く甘く、湯加減に出た、重い露を、舌の先へ一しずく宛《ずつ》落して味って見るのは閑人適意の韻事である」

練達の閑人、この茶房の主人・長竹俊三さんもまた、長く茶問屋に勤めたひと。意表をつく氷だし玉露は、氷が溶けるときの温度変化を逆手に取り、じわりじわり悠長に甘露を招き寄せる技なのだった。

「むつかしいことなんかないんですわ。ええ加減がええねんよ」

そうそう、そこなんですよ。みなが知りたいのは、その「ええ加減」……先斗町の夕刻の記憶を反芻《はんすう》していたら、茶埃のなかで育った馬場さんが口にした。

「祖父がよく言っておりました。一番おいしくお茶を淹れられるのは、棺桶《かんおけ》に半分足突っ込んだ人間だ、って（笑）」

深い話ではありませんか。「開化堂」の和子さんも言っていた。

「お年寄りの淹れるお茶にはかなわんし」

その日以来、私はお茶を淹れながらかんがえました。かんがえながら、朝に夕にお茶を淹れました。そうこうするうち、朧気《おぼろげ》ながらわかってきたことがある。

どうやら、お茶というものは「間合いの神様」の懐《ふところ》に抱かれているもののようである。ゆったり湯を沸かす。いったんゆっくり冷ます。急須に湯を注いだら茶葉にあくびのひとつもさせてやる気持ちで、のんびり構えて待ってやる……そこに流れているのはいつもの日常の速度とは微妙に時間軸のずれた、ゆったり、ゆっくり、のんびりの時間のあわい――この呼吸の塩梅《あんばい》をわが身に親しませてゆけば、若造とて棺桶のそばに数歩にじり寄れるのではないか。

「勉強してはいけない。すればするほどバカになる」と書いてあったのは、梅棹忠夫《うめさおただお》『知的生産の技術』でしたっけ。お茶も似ている。かんがえるもんじゃない。練習に励むものでもない。十年一日のごとく淹れて飲んで、淹れて飲んで、そうしたらいつのまにか「あんたの淹れるお茶、おいしいねえ」と言われるようになった、ただそれだけのことでいい。いいんですが、棺桶が運ばれてくる時期をただ待っているのも気が長すぎるように思われて。

こうして、わたしが編み出した窮余の策とは――。

「お茶を淹れるときは、同時にほかの用事をする」

笑っちゃいけない、これが意外に馬鹿《ばか》にできないんですよ。

湯を冷ますとき、忘れたふりして流しの皿を四、五枚洗ってみる。茶葉に湯を注いだら、なにごともなかったかのようにその場を離れて新聞記事なんか読んでみる……

じっさいのところわたしの淹れるお茶の味わいは、この涙ぐましい「間合いの学習」の成果によって驚異的な進歩を遂げたのだった。いや、ほんと。

ざあっと屋根を打つ雨の音、白い尾を残して進む雲の流れ、瞳《ひとみ》射る星月夜の光。いつごろからだろう、四季さまざまの移ろいにしみじみ感じ入るようになったのは。少なくともせいぜい四十を越えた時分からこっちのことではなかったか。かんがえてみれば、まさにそのころから「ちょっと一服」「お茶にしましょ」。声をかけ合う茶の間のくつろぎをだいじに思うようになったのではなかったか。

春は花夏ほととぎす秋は月　冬雪さえてすずしかりけり

道元の歌のあとにつぶやいてみたくなる。一杯の熱い茶と菓子に、こころの陰影を重ねてみたき。とはいうものの、しみじみ感じ入ってばかりでもね。遠慮のいらない友と顔を合わせ、とりとめもないおしゃべりに花を咲かせるにぎやかなひとときあってこそ。いそいそお菓子のしたくを整える。

「お茶一杯で失礼しますから、ほんとにもう、どうかおかまいなく」

腰を浮かして恐縮しっ放しの不意のお客さまでも、一杯のお茶に小さな干菓子《ひがし》のひとつも添えてお出しすれば、たちまちほころんで肩のちからを抜いてくださる。

「いや、これはこれは」

こちらもほっと安堵《あんど》する。

丁寧に淹《い》れたお茶一杯も、かたちばかりの一杯にしか映らぬときがあるものだが、そこにお菓子のひとつも加われば話はがらりと違ってくる。ねんごろに差し出されたお茶とお菓子には、せっかくのひとときを惜しまず過ごしたい、そんな思いがかけられている。もちろん、たったひとりのお茶の時間でもおなじこと。お菓子などあってもなくても困らない、と言うひとがあるけれど、わたしはそう思わない。蕎麦《そば》ぼうろ、海苔《のり》巻きあられ、どら焼き、なんでも構わない。合いの手が入れば、お茶の渋み、苦み、甘みの輪郭がくっきり描き出される。三度三度の食事のはざま、お茶の時間にすとんと心地よく腰が据わるのである。

お菓子の楽しみは四季おりおり。「春は花　夏ほととぎす」の例え通り、この季節にはやっぱりこのお菓子、恋しさを募らせるものが誰にでもひとつやふたつ、あるのではないか。街になじんだ古参の和菓子屋の軒先、その日の茶菓を求めるにぎやかな人混みを目にするにつけ、こちらにまで弾む気持ちが伝わってくる。

日本に生まれてよかったな。初春が訪れれば、味噌《みそ》あんとごぼうの風味が格別な花びら餅《もち》。桜の咲く時分にはなにはなくとも桜餅、次いで草餅、わらび餅。八十八夜摘みの新茶がいよいよお目見えする頃となれば、柏《かしわ》餅を頬ばらなければ一年中忘れものをしたような気分になる。梅雨どきにお目見えするのは、つるんとのど越しのよい葛《くず》桜《ざくら》、葛まんじゅう、水ようかん。盛夏ともなれば、みつ豆それとも白玉。しゃりしゃりとかき氷をさらったあと、濃いめに淹れた熱い煎茶《せんちゃ》でひと息つくのもこたえられないおいしさだ。そうこうするうち、こんどは栗《くり》きんとんが気になってくる。

「まるでうちの初釜《はつがま》みたいだな」

毎秋、首を長くして待ち侘《わ》びた栗きんとんの包みをおずおずと開く瞬間、わたしはいつもそうつぶやいて苦笑する。

栗の季節になる頃、決まっていそいそ注文の電話をかけるのは岐阜中津川《なかつがわ》の菓子屋である。とれたての栗をざっくりつぶして砂糖だけ練りこみ、親指ほどの大きさにまとめる。それを真白な晒《さら》しに包み、おばちゃんたちがきゅっ、きゅっと軽やかに絞ってこしらえる日本の秋の素朴な味わい。そうっとひとつぶつまんで舌の上にのせれば栗がほろりとほどけ、赤や黄色に染まりかけた里山の素朴な風景がたちまち目前に広がる。そこへとろりと口中を潤《うるお》してくれるお茶は、だから、とびきり丁寧に淹れたいと願うのは人情というべきものである。

さて、熱い茶碗《ちゃわん》を吹き吹き、白い湯気が顔にかかるのをことさら楽しみたいのは冬。風に冷たさが混じれば京都の松風、どら焼き、きんつば……おのずと重めのお菓子に手が伸びる。しかしながら、年中おきまりのコースを歩むばかりでは芸がない。とっておきの冬の愉《たの》しみといえば、ほかならぬ中国茶とチョコレートである。それもしんと静まりかえった真夜中の。

コーヒーでもなく、紅茶でもなく、いつごろからか中国茶にもさまざまなお菓子の味を引き寄せるようになった。長年気に入りの紅茶「レディ・グレイ」を淹れれば、ああチョコレートにはやっぱり絶妙だなあと感嘆するけれど、自分の手が伸びたがるのは烏龍茶《ウーロンチャ》、そして焙《ほう》じ茶、煎茶、玄米茶なのだった。

それにつけても、和子さんがぽろりと口にした言葉が耳に残る。

「おいしいお茶淹れよう、思うのがいかんのやね。欲があかんのやね」

忘れられない子どものころの風景がある。あれは五歳のころだったか。わが家は新築工事の真っ最中で、忙しく立ち働く大工さんたちの姿は日がな眺めていても飽きることがなかった。とりわけわたしが最も心待ちにしたのは、きっかり午前十時と午後三時にやってくるお茶の時間であった。

母が土瓶と湯呑《ゆの》みをお盆にのせて運んでくる。

「ひと息入れてくださいな」

それを合図にあわただしい建築現場の空気は固い結び目をほどいたようになごんだ。みなそれぞれ、湯呑みとお菓子を手に、三々五々腰を下ろす。

熱いお茶をごくり。ああうまい。こどもにもわかった。冬の日溜《ひだ》まりのなか、お茶の時間はたぷたぷ波間をたゆとうような穏やかなぬくもりに包まれていた。

夏はやっぱりカレーです

あなたはインドのひとですか？

買い物から戻った母の手提げをのぞきこんだら、白いターバンを頭に巻いたくりくりお目めのひとがにっこり笑っていた。

いつもは赤い缶のカレー粉だったのに、今夜のカレーは初めて見る四角い箱に入っている！　それだけで宿題なんかどうでもよくなった。日暮れて家中にカレーの匂《にお》いが漂い始めると、一週間あれほど待ち焦《こ》がれた「名犬ラッシー」もたちまちすっとんだ。昭和三十年代の終わりごろの話である。そのころはカレーとインドがどこでどう結びつくのか知るはずもなかった。だって、カレーライスはオムライスやチキンライスの兄弟だと思っていたのだもの。

チカちゃんのうちは「ワンタッチカレー」で、タケダくんちは「オリエンタルカレー」で、おばあちゃんが「モナカカレー」を鍋《なべ》に放りこむ家だってあった。「うちはソースかける」「うちのお父さん、ぜったいお醬油《しょうゆ》」。風邪で寝込んだ母を見舞いに来てくれた近所のおばさんがついでにこしらえてくれたお昼のカレーには、まんなかのくぼみに生卵が流しこまれていて、はじめて目にする光景にちょっと震えた。

それでも、給食の甘ったるい黄色いカレーも、デパートの大食堂で注文する銀色の食器に入った濃茶色のカレーも、臨海学校の水っぽいカレーもキャンプの焦げたカレーも、どれもこれも大好きだった。カレーの匂いを嗅《か》げば、いつも必ずしあわせいっぱいになった。

蜜月《みつげつ》に水を差したのは、中学の英語のリーダーをのぞきこんだ父だ。

「おい、カレーは、ほんとはカレーじゃないんだぞ、カリーだぞ。『カ』にアクセントがあって『リ』はRの巻き舌の発音だ知ってるか」

そんなこと急に言われても。カレーライスが突然カレーライスじゃなくなったら困っちゃうよ。遠藤賢司だって唄《うた》っていた。

♪君も猫も僕もみんな好きだよ　カレーライスが

カレーはスパイスでできている。その事実をじっさいに確認したのは、東京・国立《くにたち》の大学通り沿いの高級食品スーパー「紀ノ国屋」なのだった。高校生のとき貪《むさぼ》り読んだ荻昌弘《おぎまさひろ》のエッセイで知ったスパイスは、へええこんな色だったのか。カレールーもカレー粉も、おおもとの正体はこれなのだ。棚いっぱいずらり居並ぶスパイスの瓶を、わたしは圧倒されながら眺めた。東京オリンピックが来るころには子ども向けの甘口「バーモントカレー」が登場して、大阪万博が来るとなったらおとな向けの辛口「ジャワカレー」が現れて、カレールーの世界はずんずん「進化」していったけれど、いっぽうカレールーを使わずスパイスでつくるカレーもあるらしい。そのうえ、どうやらそっちが「本格派」。

しかし、同時にわたしは腰が退《ひ》けていた。スパイスを組み合わせてつくるカレーに興味をそそられても、雑誌のグラビアに登場するマイエプロンを掛けた男性陣は、コーヒーミルや石うすで何種類ものスパイスを延々と叩《たた》き潰《つぶ》していらっしゃる。でかい牛の骨を半日以上煮て、フォンドボーとやらを取っていらっしゃる。カレーは、二日煮込んだら最低三日は寝かせよとおっしゃる――「本格派」を遠目に見ながら、わたしはひとりごちた。

あんなこと毎日やってたら、主婦は台所で死んじゃうよ。

そののち。わたしが密《ひそ》かにつぶやいたセリフそのまま、まさかインドの女性から聞くことになろうとは。

「日本のひとは、おいしいカレーは時間かけなきゃつくれないと思ってます。でも、ソレぜんぜん違う。だってかんがえてみてください。玉ねぎ二時間炒《いた》める！　スープに半日！　三時間も煮こむ！　そうやって毎日カレーつくってごらんなさい」

ため息をひとつ、そして彼女は言ったのだ。

「インドの主婦は疲れてみんな死んじゃいます」

手間ひまかけて仕上げるイギリス経由の欧風カレー。インドやネパールやスリランカの家庭で、毎日食べるカレー。カレールーを放りこんでつくる日本のカレー。おなじカレーとは呼んでも、どれもまるきり「素性の違う料理」だったのだ。

わたしは、もつれていたカレーの糸をようやくハタチになってほぐした。

陽炎《かげろう》が真昼の路上を揺らしている。気温はとっくに四十度を超えた。インド・オールドデリー郊外。リキシャ運転手サイードさんの家の簡素な石づくりの台所は、中庭を吹き抜ける風の通り道沿いなので、コンロに火が点《つ》いても思いのほか暑さが迫ってこない。

「妻がカリフラワーのカレーを用意しています」

昼ごはんを食べに寄る約束をしたのは、つい昨日だ。わたしと娘のふたり旅、最初の二日間リキシャの運転手を務めてくれたサイードさんはすこぶる柔和な三十代の男性で、よかったら明日うちに寄ってみませんか子どもたちもよろこびます、と誘ってくれたのだった。

「うちに日本人のお客さんがあるなんて」

エメラルドグリーンのサリーをまとった妻のミラさんがはにかんでいる。裸足《はだし》の右足首の細いアンクレットの金色が、真昼の太陽にきらきら反射して美しい。

ふだんのおかずをぜひ。何度も念を押していたので、「ごちそうじゃなくて恥ずかしいわ」。ミラさんには、かえって悪いことをしたと申し訳なさが募るが、やっぱりごちそうよりいつものおかずが食べたい。

「いつもこんなふうにしてつくるのよ」。ミラさんがコンロの前にしゃがみ、手に握りこんだ小さなナイフでカリフラワーをたちまち小房に切り分け、ざるに入れる。鍋を火にかけ、ギーをスプーンでひとすくい。そこにクミンシードと赤唐辛子を入れ、香りが立ったところでさっきのカリフラワーとグリーンピースをどさり。

やっぱりスパイスボックスなのだ。ここで彼女が手に取ったのは、七種類の粉のスパイスが入った丸い容器である。ネパールのマスケイさんの台所もそうだった。マスケイさんは言った。

「たとえまな板がなくても、スパイスボックスだけはどこのうちにもある台所道具です」

ネパールでもインドでもチベットでも、昔は木を刳《く》り抜いてスパイスボックスをつくった。今では丈夫なステンレス製が広く出回っているけれど、ミラさんの愛用品はべこべこにへこんだ黄色いプラスティックだ。

スパイスボックスのなかを見れば、家庭の味の基本がわかる。基本はターメリック、赤唐辛子、クミン、コリアンダーあたり。そこにシナモン、オールスパイス、マスタードシード、あらかじめ何種類ものスパイスを調合したガラムマサラ……自分が頻繁に使うスパイスから、優先順に収納する。

逆に言えば、こうなる——カレーは、このスパイスボックスのなかの、ほんの数種類のスパイスで十分につくれる。

ミラさんがカリフラワーのカレーに放りこんだのは、赤唐辛子、ターメリック、クミン、たった三つだけ。ぱっぱっとカリフラワーの上に散らし、ひと混ぜ、ふた混ぜ。そこに水を回しかけ、ふたをしてぐつぐつ十分。あっというまにカリフラワーのカレーのできあがり！

ほらね。主婦の毎日のごはんはこうでなくちゃやっていられない。ただし、スパイスの組み合わせには、ひとそれぞれに技と工夫がある。肉のカレーには黒胡椒《くろこしょう》やシナモン、オールスパイス、ガラムマサラなどの風味の強いスパイス。野菜のカレーには、クミンやコリアンダーなど風味のやわらかなスパイス。そこへマスタードシードやカルダモン……素材の持ち味に合わせて自在に組み合わせ、自分の味をつくりだす。インドでカレーを食べるたび、なるほどそうかと膝《ひざ》を叩く。まったく違うものを合わせながら、ひとつの味にまとめ、仕立て上げる。それが、カレーなのだ。

タイのカレーは好きですか。わたしは、いっときどっぷり中毒になった。

昭和五十五年、有楽町の路地裏のタイ料理屋で初めて口にしたカレーの摩訶《まか》不思議なおいしさに、わたしはぶっ飛んだ。緑のカレー、赤いカレー、白いカレー、黄色いカレー、どれもこれもインドやネパールの味とはまるで世界が違った。緑のカレーはフレッシュなハーブや青唐辛子、白いカレーはココナッツミルク、舌に何千本ものバラの棘《とげ》を刺すような辛さの赤いカレーはナムプラーや漬物や塩辛入り……味覚にどっかーんと風穴が空いて、わたしは一気に覚醒《かくせい》した。

カレーは、スパイスだけでつくるものではなかったのだ！

そしてタイのカレーをタイで食べたいばかりに、わたしはバンコク、チェンマイ、東北タイのウドン・タニ、ウボン・ラチャタニ……タイ全土を歩き回った。

地方ごとに気候風土の違うタイだが、時分どきになるとどこの家庭でも必ず耳にする音がある。それがクロック（石うす）の音だ。コツコツ、コツコツ。乾いた音がやがて湿り気を帯びた重い音に変化すると、クロックの中身もしっとり潤沢に湿り、鼻孔をくすぐる華やかな香りを立ち昇らせる。

「お嫁に行くときは、まずクロックを買います。クロックがなければタイ料理はなにも始まらない」

誰もが口を揃《そろ》えるそのクロックで、カレーもまたつくられる。

レッドカレーなら、叩き潰しますものは赤唐辛子、小さな玉ねぎホムデン、にんにく、レモングラス、カピ（蝦醬）、粒こしょうやクローブ、スターアニス、コリアンダーなどのスパイス……水に浸してじゅうぶんやわらかくなったところを気長にコツコツ、コツコツ。すべてが細かく潰れ、混ざり合ってしっとりとしたペーストになったものはクンケン・デーン。いわば「カレーの素」である。

「聞いた話だが、バンコクあたりの都会じゃ、これが袋入りになって店で売ってるそうじゃないか。信じられないことだよ」

タイ東端、ウボン・ラチャタニの田舎町で、晩ごはんに呼んでくれたおばあちゃんが眉《まゆ》をしかめてしきりに嘆くのだった。

「こうやってクロックでゆっくりきちんと潰さなきゃ、おいしいカレーなんかできっこない」

わたしは曖昧《あいまい》に相づちを打って苦笑いするばかりだ。だとしたら、おばあちゃん、わたしはぜったい立派なタイの主婦になんかなれないよ。おいしいのは重々わかっていても、毎朝毎晩そうやってクロック叩いて気長にいちからカレーつくっていられないよ。東京のデパートのグローサリー売場でタイのカレーペーストを買うたび、あのときのおばあちゃんの呆《あき》れ顔が目の前に浮かぶ。わかっちゃいるけど、いったん知ってしまった簡便さはもう手放せない。これさえあればワンタッチぽん。思い立ったらすぐさま、そこそこ満足のいくタイのカレーがつくれるのだから背に腹は代えられない。

たけのこと牛肉のとびきり辛いレッドカレーを頬張り、額に汗をつたわせながら思う。タイもインドもおなじことだ。かんがえてみれば、そもそもカレーというものは、ゆったり鷹揚《おうよう》に流れる時間と、惜しむことのない手間から生まれたもののように思われる。

「お、うれしいねえ今日はカレーだ」

カレーの香りは、どうしてひとをこうもよろこばせるのだろう。カレーと聞けば誰の鼻もひくひく蠢《うごめ》く。ただし、うちではまだその先があります。

「で、それはインドの？ タイの？ ニッポンの？」

ややこしくてすみません。「今日はインドの」と言えば、「ほう」。「今日はタイの」と言えば、「いいねえ」。しかし、わたしは知っている。「ええと、今日はニッポンです」

そのときだ、みなの顔にかすかな、ほんとうにかすかな安堵《あんど》の色が浮かぶのは。

ニッポンの、つまりカレールーでつくったカレーはなにやら身もこころもなごませる。一切の構えがいらないから安堵する。さらには、熱いカレーがとろりとかかれば、こころゆくまで白いごはんがたっぷり食べられる――カレーライスは、すでに日本人ひとりひとりの失われた「プチット・マドレーヌ」なのだ。

ただし、不思議なことに、それはニッポン人だけではないようである。モロッコで出会った男性は、「日本に帰ったらなにか送ってあげる。なにがいい」と聞くと、言下に、「カレー、お願いします！」。オーストラリアに留学していた娘は、当時のクラスメイトのイタリア女性に頼まれて、半年に一度カレールーの小包を送るのが習慣だ。

何ヶ国もの生徒が集うパーティで「日本料理」をつくれば、ダントツ人気はいつもカレーだったという。さらには、この春東京に遊びにきたタイ人の友だちがスーパーで買い物したがった目的は、カレーなのだった。

カレールーでつくるニッポンのカレー、それは、本家のアジアも経由先のヨーロッパもとろりとおおらかに吸収合併してひとつに束ねた眩惑《げんわく》の味がするのだろうか。

庭先の木に止まったせみが昼間からみんみん大合唱している。暑さも真っ盛り、そんな日はやっぱりカレーで決まりでしょう。インドスタイルでオクラのカレーでいってみるか。ココナッツミルクのまろやかなコクを思いだせば、タイのカレーもにわかに恋しい。いや、暑い盛りに汗をかきかき啜《すす》る辛いカレーうどんもこたえられない。さあどれにする。

気もそぞろに冷蔵庫のなかをのぞきこむ。辛さのなかにいろんな味が複雑に弾《はじ》ける、その瞬間を思うと興奮が沸き起こる。ビールを冷やそう。カレーをつくろう。夏のカレーに元気を鼓舞してもらうのだ。

麺《めん》をつるつるっ

指のあいだを水流がおおきくうねる。そうめんの白い流れの束もいっしょに通り抜ける。気持ちいいな。

梅雨のころから毎日少しずつ、麺をゆでることが多くなる。土用を迎えるころになれば、さかんに「つるつるっ」といきたい。うなぎで元気をつけ、片や麺をさわやかにつるつる。まるきり逆のベクトルなのに、両方とも自分のからだが喜んでいる。

夏になればやっぱり麺である。それも冷たい麺。ちゅるるっ、くちびるのあいだで跳ね踊る感覚を思い出し、台所の棚に首を突っこんで乾麺をがさごそ探している自分がいる。

それは、子どもの時分に深く刷りこまれた夏の記憶でもあるようだ。

妹と連れ立ってラジオ体操に通っていたころ、夏休みの昼ごはんはそうめんか冷や麦に決まっていた。とにもかくにも「そういうことになっていた」ので不平を言う余地などどこにもなく、けれど夏休みも折り返し地点を過ぎれば昼の台所にそうめんをゆでる匂《にお》いが漂うだけで、うっと喉《のど》が詰まった。おかあさんさすがにそろそろ飽きてきたよ、もうかんべんしてください。

なのに、おとなになったら夏はおなじものが食べたくなるのはどうしてだろう。麺にはからだに直接訴えかけてくる力がある。

どんなにおいしい麺でも、締めかたひとつでおいしさはがらりと変わってしまう。ゆでた麺をさらすと、水の流れと戯《たわむ》れていたくなるけれど、冷たい水できゅっとしめる塩梅《あんばい》は時間勝負。うかうかしていてはせっかくの麺の味ががくんと落ちる。もたもたするな、急げ。

その事実に遭遇したのは、韓国の冷麺屋の厨房《ちゅうぼう》だった。

冷麺の専門店では、乾麺なぞとんでもない。こんなふうにして、一杯一杯に精魂を傾ける――つくりおきは絶対にせず、注文が入るたび人数分の生地を巨大な専用圧縮機にかける。圧《お》されてたちまち無数の細い線にすがたを変えた、つまり麺になった一団をすぐさま下で待ち受けているのは、ぐらぐら湯が煮えたぎる大釜《おおがま》だ。麺一本一本が熱湯の渦中《かちゅう》で激しく身もだえするのはわずか二、三十秒、そこをさっとザルですくい上げる。

山場はこれからだ。すぐ隣の水桶《みずおけ》にザルごと勢いよく突っ込んで熱を瞬時に奪い、すぐさまその麺をおおきな氷柱を浮かべた水のなかに移す。そうして間髪入れず、手でごしごし揉《も》み洗う。

勢いのはげしさは半端《はんぱ》ではない。まるで親の敵のようにごしごしごしごし揉む。たとえは悪いが雑巾《ぞうきん》のように、荒々しく揉みしだく。氷の冷たさで凍えた両手はまっ赤に染まる。歯を食いしばって揉み上げたら麺を両手に捉《とら》え、渾身《こんしん》のちからをこめてむぎゅうと搾《しぼ》る。

冷麺のおいしさは、麺の締め具合が左右する。ゆだった麺を縮み上がるほど冷えた氷水で締めるのは、くいっと歯が食いこむコシの強さを出すため。冷麺はそば粉のつなぎにじゃがいもやさつまいも、どんぐりなどのでんぷん質を使うが、そのむちむち感の最大の引き出し役こそ氷水のなかの超高速揉み洗いなのだ。

自分で冷麺をつくってみると、すぐわかる。氷水で揉むなり、自分の指のなかでみるみる麺が弾み始める。だからこそ、おいしい冷麺にありつきたい一心で、まず冷凍庫から氷を取り出す。自分ひとり、麺ひと玉のためだけにでも。

冷麺だけではない。そうめん、冷や麦、うどん、冷やし中華、ビーフン、パスタ。

あたたかい麺も冷たい麺も、そのおいしさの最大の敵こそ、じつは麺の水っぽさである。ゆでたらすかさず、水気を切る。ザルを上下にスパッ、スパッ、麺の重みを利用しながら思いきりよく落として水気を除く。いったん水をくぐらせて締めた麺もおなじ、きっちり水気を取る。じめじめぐずぐずはいけません、すっぱり水気と手を切りましょう。

さて、暑さに負けてやる気がないとき、どうにも食欲がでないとき、だるくて台所に立ちたくないとき、夏はなにかと理由をつけて麺のお世話になる。ただし、そうめんだけ啜《すす》りこんでいては逆効果。腹に底ぢからは湧《わ》いてこない。

せっかく「つるつるっ」といくのだもの、ここで気分を変えたい。ついでににぎやかにお囃子《はやし》を鳴らし、景気をつけてみたいのである。

しそ。ねぎ。しょうが。みょうが。香味野菜はそうめんにつきものだ。香りのよさに加えて、しゃきしゃき、さくさく、歯ごたえのよさも食欲を応援する。これをおざなりに添えもの扱いすると、中途半端に転んでしまう。香味野菜はありったけ。これがわたしの流儀である。先の定番にくわえて三つ葉やらオクラやら、手近な香味野菜をこれでもかと刻んでたっぷり。

「こ、こんなに……」

夏のお客に「いっしょにお昼はいかが」と出したら、目をまるくして驚かれた。

水気を切ったそうめんを大皿にのせ、そこに刻んだ香味野菜を山とのせる。または、あらかじめそうめんといっしょにざっくり混ぜてしまう。箸《はし》ですくい上げれば香味野菜がそうめんに絡《から》んで、めんつゆのなかへ落下することもない。そして、食べ終われば緑の香気が満ちて暑さを追い払い、口中涼やか。

もうひとつ、景気づけのお囃子といえば唐辛子である。韓国の冷麺のなかでも、ピビム麺は舌を握って踊りたくなる容赦のない辛さがたまらない。

ピビム麺、つまりまっ赤なタデギ（麺に味つけする複合調味料）で和《あ》えた汁なしの咸興《ハムフン》冷麺は、韓国でもことに夏に人気である。粉唐辛子、おろしにんにく、ごま油、醬油《しょうゆ》や砂糖、そこにおろした梨《なし》や玉ねぎも混ぜてつくるタデギはドスのきいた辛さ。ぷりぷりのまっ赤な麺を嚙《か》みしめるうち、額から首すじから背中からどーっと汗が噴きだし、食べ終わったころにはいっそ涼しい。

夏はやっぱりカレーです。そこにくわえたいのは、カレーうどん！

そもそもカレーうどんは明治のころ東京で誕生したというが、どっこい大阪や京都のカレーうどんも負けてはいない。たとえば京都府庁前「やまびこ」の「すじカレーうどん」ときたら絶好の暑気払いだ。

「夏は、週に一回はついつい足が向きますなあ」

京都の友だちが「あそこの味は中毒になる」。流れる汗もねばつく夏の京都のまっ昼間、「すじカレーうどん」の激烈パンチは痛快だ。箸《はし》で引き上げたこしのあるうどんが跳ねる。ゆでこぼすこと六回、やわらかく煮こんだ牛すじがとろける。パワフルな辛さ、熱さが舌のうえで阿波踊りを踊る。汗だくで食べればシャワーを浴びたも同然。ちなみに「やまびこ」には、夏限定「冷やしすじカレーそうめん」もあります。さらに、カレーうどんファンには南禅寺近く「日の出うどん」の「甘あげカレーうどん」も強く強くおすすめしたい。油照りの京都を歩く勇気が湧いてくる。

そうめんの清冽《せいれつ》な潔《いさぎよ》さ。辛さにまみれて舌が焼ける熱いカレーうどん。夏の麺は、中途半端はいけない。針が両極に振り切れる味ほど元気をあと押ししてくれる。初夏になれば突然スイッチが入って冷やし中華が食べたくなるのも、甘酸《あまず》っぱさに秘密がある。きゅっと舌の奥が縮むような酸味が、暑さや湿気にへこたれそうな食欲を「ほらがんばれ」と励ましてくれるのだ。

夏は、はっきりとした味がおいしい。しゃきっと香りの強い味。辛い味。酸っぱい味。熱い味。冷たい味。濃い味。しょっぱい味。それを「つるつるっ」、麺にからみつかせて喉もとから胃の腑《ふ》へ滑りこませるのだ。

夕暮れの涼風。庭の打ち水。天花粉の匂い。浴衣《ゆかた》の肌触り。遠くで祭太鼓の音が鳴れば気もそぞろ。または、家族揃《そろ》って電車に乗ってでかけた海水浴。はしゃいで泳ぎ過ぎてほの青くなったくちびるを舐《な》めると潮の味がして、喉が渇いておなかと背中がくっつく。夏祭も海水浴も夜店も盆踊りも、あのなつかしい夏に恋しく想《おも》う味、それがソース焼きそばだ。うれしかったなあ、ソース焼きそば。キャベツやもやしなんか数えるほどしか入っていなくて、むしろ主役は青海苔《のり》と紅しょうが、たまに発見する天かすがうれしい。香ばしいソースまみれの焼きそばはイベント気分いっぱい。濃くてしょっぱいソースの味と香り、これもまた日本の夏のおいしさだ。

風鈴の音は、八月のおわりになるとどうしてあんなに一足飛びにさみしく響くのだろうか。まだまだ暑いというのに、突然夏を置き去りにする。すると、つい昨日まであんなに食べたくてたまらなかった冷やし中華やそうめんに、ちいさな距離ができる。けれども、つぎの季節に進んでしまったのだからしょうがない。夏に沸き立ったそのぶん、今度はおだやかなおいしさが身になじむ。

釜《かま》揚げそばを知っていますか。わたしは、釜揚げそばを初めて出雲《いずも》で食べたとき、滋味という言葉と親しくなった。

出雲の郷土料理でもあるこのそばは、そばをゆでたばかりの釜から熱いそば湯をすくい、いっしょに碗《わん》に盛りこむ。ただそれだけのことなのだが、かけそばとはまるきり違う。そば一本一本がとろりとまろやかなそば湯に包みこまれた、どっしりとした腰の据わりようはどうだ。だしをかけても、めんつゆに浸しても好きなように。刻みねぎ、一味唐辛子、かつおぶしが添えられるが、使っても使わなくてもどちらでも。

そば道の「匠《たくみ》の技」とか「矜恃《きょうじ》」などというすかした言葉とはおよそ縁遠いもっさり地味なそばだから、勢いよく「つるつるっ」は似合わない。のんびりふうふうと啜るうち手足の先までゆったりと安心が滲《し》み広がってゆく。碗のなかがすっかりおしまいになるころには、からだのまんなかにぽっと静かに灯りが灯《とも》る。そんなおいしさなのだ。

「暑いねえ」「まったく暑い」

暑い暑いと日々うるさく繰り返しているうち、ことりと季節は動く。あんなに頼りきっていたそうめんにもひと呼吸が生まれ、からだにちいさな変化が訪れたことに気づく。こんどはぬくいそば湯を掌《てのひら》にのせ、虫の声にふと耳を傾ける夜長がやってくるのだ。

だからこそ。夏の「つるつるっ」は、ここぞとばかり景気よく威勢をつけたい。

蒸しもの名人になりたい

朝っぱらからでかい蒸籠《せいろ》がしゅんしゅん景気よく白い湯気を立てている。

「え。朝から蒸しものですかっ」

一瞬呆《あき》れたのち、あなたは必ず口にする。

朝ごはんなに食べてるんですか、って聞くかららうそ偽りなく答えただけなのに。で、こちらも勢いこむ。

「ブロッコリやカリフラワーを切って、蒸籠に放り込むだけですよ。さっと蒸して、たら～っとオリーブオイルかけて、塩振って。ただそれだけ」

置き去りにされたあなたは、しかし、にわかに目の奥をきらりと光らせる。

「あら、なんだかおいしそう」

ここで猛然ダッシュだ。

「でね、同じ蒸籠のなかでいっしょに卵蒸しもつくっちゃう。なんにもいれない、卵だけ大鉢で蒸した超シンプルな料理。熱々のふるふるが喉《のど》を滑り降りると、もう朝から幸せで」

「それ食べたい～」

だから、蒸籠ひとつあればね。さらに置き去りにしたぶん一気に引き寄せにかかるのだが、しかしあなたは断定する。

「無理。ぜえったい無理。そんな面倒なこと」

――いや、それも当然というものだろう。このわたしとて、一度は蒸籠を棄《す》てた苦い過去を持っている。ところが今日び、蒸籠と心中しかねない勢いなのです。

「そりゃまたどうして」

よくぞ、聞いてくださいました。というのもね……。

蒸籠はおろか、「蒸す」なんていちいち面倒臭くてやってられない、あのころは固くそう信じていた。道具がいる。場所を取る。時間もかかる。そのうえ見えないところで料理が進行するのだから、ちょっとうっとうしい。だいいち肉まん蒸すなら「電子レンジでチン」のほうがはるかに手っ取り早い……これが当時のわたしの言いぶんであった。じっさい台所にしまいこんである竹のちいさな蒸籠は直径十八センチ、神楽坂《かぐらざか》「五十番」の肉まんならたった一個で満員御礼だ。だったら何個でもいちどきにあっためられる電子レンジのほうが話は早い。そんなわけで引っ越しのある日、わたしは秘《ひそ》かに蒸籠をゴミ袋に突っ込んで強引にサヨナラを言い渡したのだった。

さて、それから歳月が経《た》ちました。別れて以来、いたって平穏無事な日々を過ごしてきたというのに――。ゆっくり台所仕事にかかりたくて、使い馴《な》れた電子レンジを処分した冬の日のこと。焙《ほう》じ茶を啜《すす》りながらさっき駅前で買ってきた蒸《ふ》かしたての酒《さか》饅頭《まんじゅう》にかぶりついた。

と、思いもよらず衝動が突き上げた。

蒸かした味わいというものは、こんなにもむっちり熱く濃かったのか。蒸かしたてのじゃがいも。昔、盛んに蒸籠でつくった中華おこわ。卵蒸しもしゅうまいも蒸しパンも、さまざまなおいしさが舌の上に復活した。

そうなのだ、何年もわたしは、「蒸す」ということを忘却の彼方《かなた》に押しやっていた。もしくは、忘れたふりをしていた。――閉ざしていた扉が、開いてしまった。

「蒸す料理は時間の見極めが勝負どころです」

出戻って蒸籠のまわりをもじもじうろついているわたしに活を入れてくれたのは、とある名中国料理店のシェフである。

「一番緊張するのは、じつは一番簡単に見える料理、つまり魚を一尾丸ごと蒸すときなんです」

たとえば「清蒸魚《チンジョンユイ》」。香港《ホンコン》の海鮮料理屋に行くと必ず注文する、あのシンプルな魚の蒸しものは、じつは熟練の技のたまものだという。

「たった十数秒タイミングがずれれば、味はがらりと変わってしまいます。脂《あぶら》の乗り具合を生かすも殺すも蒸し加減ひとつ」

なにしろ内部の温度を一定に保つために、途中で絶対にふたを開けちゃならない。一度開けてしまえば温度は急降下、再び上昇するまでに無駄な時間がかかる。さりとて、及び腰で蒸し過ぎれば一巻の終わり。脂は抜け、身は反りかえり、ほのかな甘みが飛んでパサパサになる。だから、魚は脂の抜けにくいイサキ、カサゴ、キンキやイシモチが向く。巧みに蒸気を回流させるため、魚の下にぶつ切りのねぎを数本かませてやったりもする。

「それに、火から下ろして客席に運ぶ段階でも加熱は進行しますからね、その時間も計算に入れて蒸籠からはずさなきゃなんない」

そもそも「蒸す」とは、蒸気のちからで加熱する調理法だが、これほどデリケート極まるものだったとは！　何段も蒸籠を重ねてのんきに客席を渡り歩く飲茶《ヤムチャ》の風景と、神経を一極集中させて蒸し上げるひと皿との間には、じつはこれほどの差があったのだ。

それでもわたしがひるまなかったのには、理由があった。その日、偶然にもこのシェフがつくってくれたのは私の大好物だったから。

その料理こそ「鹹魚蒸肉餅《ハムユイジョンユッペン》」。豚ひき肉に熟成発酵させた魚をほぐして混ぜ、ぺたんと皿に平たく貼《は》りつけて蒸籠で蒸す広東《カントン》地方の家庭料理である。芳しい香りを放つ（ひとによっては「臭い！」と顔をしかめます）このひと皿を、わたしは香港に足を運ぶ楽しみのひとつにしてきた。あまりに好きが高じて、いっときわたしはこの「臭い」料理を自分の台所でも三日にあげずつくり続けていたのだった。

煮てもだめ。炒《いた》めても、焼いてもだめ。ほかの調理法では、どうしたってあのしっとりジューシーなおいしさにはならない。ぎゅうっと複雑なうまみが皿の上でそのまま濃縮された味わいは、結局のところ蒸すことでしかつくり得ない。

そうなのだ、蒸さなければ生まれない、味わうことのできないおいしさというものが、確かに存在する——。

再会の弾みに身をまかせて、わたしは蒸籠の懐《ふところ》に飛び込んだ。あらたに直径三十センチの竹の蒸籠である。大きさの根拠は、蒸しものに使いたい大皿や鉢がすっぽり入るサイズ、これである。蒸籠選びも二度め、学習は生かさなければならない。魚一尾丸ごと。どおんと卵蒸し。どれも大皿のまま蒸籠に入れて蒸し、そのまま食卓に運べる。ハスの葉っぱを敷き詰めれば、堂々三合分の中華おこわもつくれるし、「五十番」の特大肉まんだって三個は入る。

さらにわたしは知恵を絞りました。よし、三十センチの蒸籠をのっける専用の鍋《なべ》も買おう。またぞろ棚のなかにしまいこんでしまっては元の木阿弥《もくあみ》。結局、出すのも収《しま》うのもおっくうになってしまう。同じ失敗は繰り返したくはない……と、そんなわけでわたしが選んだのは、【三十センチ＋左右の余裕ぶん（三センチ×2）＝直径三十六センチ】の大きな中華鍋だ。これなら湯もたっぷり入るから沸騰百度の熱湯が確保できる。ふたつでワンセットを常時スタンバイ。新スタートはこの手で切ろう。

かくして華麗な復活を遂げた蒸籠の、その後とは――。

まずわたしを夢中にさせたのは、蒸し野菜であった。いえ、ただ野菜を皮つきのまま厚く切って、強火で蒸すだけなのだが。

オリーブオイルと塩に引き立てられて、こりこり嚙《か》むほどじゅわんと滋味が滲《し》み出てくる。野菜の個性も、きりりとエッジが立っているとでもいうのでしょうか、にんじんはにんじんの、かぼちゃはかぼちゃの、ブロッコリはブロッコリの、つまりそれぞれの味と歯ごたえが味覚にブロウを食らわす。

「なんだか、肉食べてるみたいだナ」

空腹を抱えて帰ってきた連れ合いがつぶやいた。なるほど、そういう言い方もあったか。野菜でありながら奥底にずしりと重みを伴った濃厚な味わいは、すでに食卓の主役級だ。肉も魚も食卓になくとも、もの足りなくなんかない。

それにはきちんと理由がある。

野菜をゆでるとしよう。すると、植物の細胞をつなぐペクチンが壊れて型崩れする。しかし、一気に蒸せばペクチンは壊れもせず、食感もうまみもそのまま。さらには、青菜をゆでればほとんどのビタミンが流出して失われるけれども、蒸すならその半分の流出で抑えられる。栄養も逃げない。香りも逃げない。だから、ごてごて余計な調味料なんか必要ない。そのうえ便利なことには、異なる素材を同時に蒸してもお互いに香りが移らない——利点だらけ。それどころか、蒸籠の白い湯気が味の核心を浮き彫りにしているような……。

大草原を渡る風に鋭い冷たさが混じり始めた秋の時分。わたしはモンゴルにいた。

行けども行けども、ただ見はるかす地平線。朝起きれば両手に桶《おけ》を提げて小川へ水《みず》汲《く》みに行き、昼間は馬にまたがって駆けながら牛を追い、夜はろうそくの灯りの下で文庫本のページをめくる。そんな毎日のなか、ゲルの主人ビャンバさんの妻が煮炊《にた》きをする手伝いもわたしの仕事であった。

「今夜は『黒のスープ』よ」

彼女は煙突の下で鍋に湯を沸かし、薄切りに削《そ》いだ羊肉を入れて絶えずかき混ぜ続ける。次第に肉から灰汁《あく》が出始める。それを丁寧に丁寧にかき混ぜるうちスープは次第に濃い色合いを増してゆき、わたしはなるほど「黒のスープ」の名前の意味をすっかり了解した。

「この色にならなきゃ羊の味がスープに出ないの」

熱い丼《どんぶり》を啜りながら、わたしはゲルの天窓越しに星々を眺めつつ、「灰汁」ということをかんがえる。

肉も野菜も、煮れば灰汁が出る。それをきちんとすくって除けば、濁りのない「きれいな味」になります。これが日本人の和食のセオリーだ。けれども確かに、この「黒いスープ」から灰汁を除いてしまえば、そっけなく薄っぺらい風味になってしまう。

灰汁も大事な味のうち、おいしさのうち——。

「ええ、僕もそう思います」

ここは銀座を西へ走る西銀座五番街。「馳走《ちそう》　啐啄《そったく》」主人、西塚茂光さんが口を開く。

「素材には本来、灰汁というものはないと思うのです。野菜でも魚でも、健康に育った天然のものは味が透き通っています。むしろ人間の手を入れていけばいくほど、濁っていくのではないか。そんなふうに感じます」

だから、ただ蒸せば、そもそも灰汁が出る余地さえ与えない。必要なものは何にも外へ出てゆかない。そうではありませんか？

「ええ。ゆでたり、煮たり炊いたり、それらは素材に調理技術を加えながらひと皿の料理を仕上げていく過程なんです。ところが、『蒸す』というのは」

旬《しゅん》の味と向き合い続けてきた料理人はこう続けた、

「蒸し終わったその時点で、すでに完成された味になっているんですよね」

冬場、えびいもをただ蒸し上げただけのあの甘みは、何にも代え難い味わいです。

本当は皮だって剝《む》きたくない。西塚さんはそう言って目を細めるのだった。

手をかざせばたちまち火傷《やけど》を負わせる百度の湯気。その荒ぶる白い熱がみっしり立ち昇る密室のなか、えびいもは固く閉じていた四肢を一本一本柔らかに解きほぐして呼吸を始める。何も失われない。何も加わらない。ただしっとりふくよかに蒸気に満たされ熟れ切ったそのとき、艶《つや》やかな珠《たま》の輝きが生まれ、こぼれ落ちる。それこそが、えびいもの真味だ。

さらに西塚さんは続ける。

「魚だって同じです。蒸した魚には骨と皮からじわーっとうまみが滲《し》み出ています。これはもう、とびきりおいしい」

「蒸す」もの拒まず。いったん水門が開いてしまえば、海の水、川の水さまざまに勢いよく流れこんでくるものだ。

ぴっちり編まれて蒸気を逃さない竹の蒸籠《せいろ》の強度と密閉度には「さすが!」と唸《うな》らされるが、もっと簡便に「蒸し生活」を楽しむ手だてはいくらでもある。だって、食卓に蒸しものが欠かせない広東地方でも、蒸籠なしの台所は少なくない。では、どうするか。水を張った鍋に竹を交差させてこしらえた井桁《いげた》を渡して足場を設営し、そこに皿をのせる。こりゃあ知恵でしょう?　碗《わん》を逆さにして鍋にのせ、そこに皿をのせるひともいる。ありあわせの道具で立派な蒸し器の完成だ。

そんなんでいいの？　いいんです。かたちから入る手もあれば、実質を取る手もある。そんなの好みですから。

じっくり蒸した肉は内側からふわあっと繊維がほぐれる。厚めに切って、牛すね肉ならマスタード、豚肉なら白菜キムチなんかといっしょに。魚一尾は長ねぎのぶつ切りの枕《まくら》にのせ、しょうがをひとひら。ふたを開ける絶妙のタイミングもどうにか会得《えとく》しまして、蒸したてに熱したごま油と醬油《しょうゆ》をじゃっ……蒸し時間のタイミングにも慣れてくる。

もっぱら全開状態の水門に、三ヶ月前のある日、見慣れぬドイツ国籍の船が一隻闖《せきちん》入《にゅう》してきた。その名を「クリスピー・カバー」、てっぺんに丸い穴の開いた奇妙なとんがり帽子の耐熱ガラス製のふたである。説明書きにいわく、

「低温で焼き上げながら、水分の蒸発も防げるので、栄養も逃がさず余計な水分の蒸発もありません」「外側がカリッ、内側がしっとりジューシー」

ビビーンと電流が全身を貫きました。「これは蒸し器のトビ道具だ」。震える手でドイツ艦九五〇〇円のともづなを引き寄せたのはいうまでもない。

結論から言おう。スゴカッタ。

フライパンを火にかけ、卵をポン。とんがり帽子を被《かぶ》せると、ジャーッと景気のよ

い音とともに耐熱ガラスの内側が水蒸気で曇る。てっぺんの穴からほわ〜んと放熱される光景を目撃して、私は感心しきりだ。

「これは蒸気の三角ドームだ」

焼き上がった目玉焼きを頬ばると、ロいっぱい、蒸気のチカラで引き出された卵の滋味が充満していた。カリッ。ふわっ。目玉焼きのおいしさがぐんと底上げされている。説明に寸分違《たが》わず、じゃがいも炒め、ベーコン、ステーキ、みなカリッとしていながらふわっとしている。道具の完全勝利だ。

いやはや、こんな蒸し方もあったのか。水蒸気だけにとどまらず、焼きながら素材そのものの水分を逆利用する超絶技巧ぶりに感嘆しながら、なにかに似ていると思い至った。じつはこれ、モロッコを始め北アフリカで使われているとんがり帽子のふたつき土鍋「タジン」の原理を応用したものではないか、と。ドイツのどこかの誰かが、とんがり帽子の三角ドームを被せて肉や野菜を柔らかく蒸し煮にする、あの「タジン」鍋に目をつけたのだ。

中国四千年の歴史とやらに気をとられて、竹の蒸籠だけに感心している場合じゃなかった。

広東地方の蒸し道具、4本の竹を井桁に組んだ「蒸架（ツェンガー）」。中華鍋の底に渡して土台をつくる。

「飯架（ファンガー）」も広東地方。米のなかに差し込み、上に皿をのせて同時に蒸す仕組み。

「蒸す道具」各国それぞれ

竹の皮も立派な蒸し道具。適度に湿気を逃すので、素材が水っぽくならない。

ドイツ生まれの「クリスピー・カバー」は耐熱ガラスで蒸気を溜め、蒸し焼きを実現。

何も道具がなくとも、心配ご無用。碗をこんなふうに逆さにして皿をのせると、簡易蒸し器の誕生。

出雲地方独特の蒸し道具「饅頭蒸し」。底部に穴があり、蒸気を入れて饅頭を蒸す。

「いやァうまかったナ」

週末に伊豆《いず》の日本旅館に泊まりに行ったというサイトウさんが、感に堪えない様子でご満悦である。おいしいもの三昧《ざんまい》で、そりゃよござんした。

「違うんだよ、おれ感心しちゃったの。煮る、焼く、揚げる、生のもの、蒸したもの。ひとつひとつ全部違う調理法が出てくるんだよ」

彼は言う。熱さひとつ、食感ひとつ、色彩ひとつ、じつに意趣さまざま。もうそれだけでしみじみ感動しちゃってさ。そう誉《ほ》めたら、女将《おかみ》が「日本料理の醍醐味《だいごみ》は五味五色五法でございますから」。やっぱり捨てたもんじゃないな、日本料理はナ。

聞きながら、わたしははっと我に返る。つい蒸籠に没頭しておりました。だってこのところ、なんでもかんでもやみくもに蒸しちゃってた。そうなんですよね。煮る、焼く、揚げる、蒸す。火を加えない新鮮さのなかにさえ、味わいのおもしろみは鮮やかな輪郭を描きだす。なのに、ひたすら「蒸す」一辺倒じゃあね……。

しかしながら、わたしは急いで思い直す。耽溺《たんでき》しなければ、これほど蒸す悦楽を味わうことはできなかった。だって、当のこのわたし自身が、

「蒸しものなんて面倒だよ」

ひるむ側に立っていたのだから。

しかし、山あり谷ありの歳月を乗り越えて、愛《いと》しの蒸籠くんはいつでもどこでも、振り返ればすぐそこにいる。台所の冷蔵庫の上に出しっ放し。だから取り出しやすく、しまいやすく、場所も取らない。そのうえすぐ乾燥し、手入れも楽ちんで……。

――長い長い身の上話を聞き終えて、あなたはため息まじりにつぶやく。

「ようやく運命の再会が成就《じょうじゅ》したというわけね」

ええ、その通り。とはいえ、五味五色五法そのうち、わずかにたったひとつの扉を押し開けたに過ぎないけれども。

炭を熾《おこ》す

木枯らしが頬を切る日暮れどき、ぴゅうと駆け抜けていく風を見送りながら夢想してしまうことがある。

次の路地の角を曲がったら、誰かが落葉焚《た》きをしてやしないか。竹箒《たけぼうき》でイチョウやカエデや柿《かき》の枯葉を掻《か》き集めて、それを道ばたでふっくら小山に重ねて、なかから白い煙がほこほこ上がって。そうしたら通りすがりに手なんかかざしてみたいな。

冬、子どものころは身のまわりに火がたくさんあった。学校帰り、落葉焚きを囲んで道草を食うのが好きだった。あちこちの家の裏手に回れば、軒下に練炭や薪《まき》が積んであった。霜が降りた朝方の火鉢は思わず肩をすくめる冷たさだけれど、炭が熾るにつれて火鉢ぜんたいにじんわりぬくもりが滲《にじ》んでゆく、そこに肌を寄せるのが好きだった——。

けれども、気がついたら、すっかり火と縁遠くなってしまっていた。マンション暮らしの身では、落葉焚きはもはや贅沢《ぜいたく》な望みである。アウトドアの趣味がないから河原や海辺で焚き火をする機会もなければ、キャンプファイヤーにもめったに縁はない。せいぜいが、ろうそくに火を灯《とも》す折にマッチを擦るくらいのことである。

いじけながら、しかし、ふと目を転じれば家のあちこちに炭がいくつも転がっている。靴箱のなかの炭は驚異の脱臭剤だ。緑を挿した花器に入れておけば、夏でも水が腐らない。あれやこれや炭を使っておきながら、おや？　かんがえてみれば、炭で肝心の火を熾したことがない……。そこで、わたしはどう出たか。

七輪を買いました。それが春の終わりごろの話である。

七輪は、昭和の初めごろは路地裏のどこの家の軒先にも転がっていた。名前の由来は、「たった七厘《りん》の炭で煮炊《にた》きができるから」とも、「内側に七つ穴が空いているから」とも。戦前はもちろんのこと、戦後のあわただしい時代には、時分どきになるとほうぼうの軒先で練炭や炭を熾した七輪が煙を上げ、おもてで魚を焼いた。豆をこと こと炊いた。海苔《のり》を焙《あぶ》った。鍋《なべ》を据えて煮ものをした。七輪は、屋外で自在に煮炊きができ、持ち運び簡単な生活必需品だったのだ。ところが、電気やガスが普及するにつれてしだいに出番を失っていき、今ではキャンプ道具のひとつにおさまることでどうにか生き長らえている、それが目下の七輪の身の上である。

はて、どんな七輪を選ぼうか。生まれたときから電気もガスも通っていたのだもの、そもそも七輪で煮炊きする生活をしたことがない。永井荷風が愛用していたような昔ながらのオーソドックスな七輪でいってみたいが、じつはかねがね気になるものがあった。それが、数年前に能登《のと》・珠洲《すず》へ旅したとき出合った珪藻土《けいそうど》の切り出しコンロである。

珪藻土は植物性プランクトンの堆積物《たいせきぶつ》で、粘土や火山灰、有機物などが混じり合って長い歳月のうちにゆっくり形成された、いわば大自然の贈りもの。なにやら太古のロマンもかきたてられる。そして、じっさい手に取ってみれば、拍子抜けするほど軽い。さらには断熱性も耐火性も抜群で、珪藻土じたいに遠赤外線を放射する効果があるとも聞く。自分の手でその使い心地を試してみたい、ぜひとも使ってみたい。ここは迷わず「決定！」だ。

次のハードルは炭である。ときおり帰り道のバスの窓から見かける炭屋があったが、客の少なさが災いしたのか、めったなことでは店を開けない。一週間じりじり待ったけれどシャッターが開く気配がなく、業《ごう》を煮やして都心の雑貨デパートへ駆け込み、わたしが最初に手にしてみたのはビニール袋詰めの黒炭《くろずみ》だ。安さバクハツ五百グラム五百円。

「炭はふつうの黒炭でじゅうぶん。それを火熾し器に入れて台所のガス台に乗せて点火すれば、手間いらずで簡単よ」

そう教えてくれたのは「うちは毎週末、七輪で焼き肉大会」という先達、チグサちゃんだ。マンションの八階のベランダに七輪を出し、片手にうちわ、片手に缶ビールを握って夫とふたり、夜な夜な「炭火で焼きもの」に精出しているという。

「熾した炭をそのまま七輪に移せば、よけいな灰も煙も全然出ないの。でも卓上コンロはだめ。カセットボンベをセットした卓上コンロで火を熾すひとがいるけれど、あれはすっごく危険。炭の高温でボンベが爆発するわよ」

よかったよー。わたし、まさに卓上コンロを使おうと思っていたのよ。そうか、台所のガスの火を利用すればいいのか。

ところが、買った黒炭を火熾し器に入れて台所のガス台に乗せた、その一分後。

「バチバチー、バチバチーッ」

大音響を轟《とどろ》かせて、炭がいっせいに暴発し始めた。爆《は》ぜる音もけたたましく黒炭の破片が飛び散り、その光景は盆踊りの晩にきらめくナイヤガラの滝。わたしは台所の外で首をすくめて身を潜め、そうっと顔だけ出して現場の惨状をこわごわのぞいた。

「それ、中国産の黒炭ですよきっと」

恵比寿《えびす》駅すぐ近く、炭専門の卸しを営む白鳥浩一さんが開口一番、言った。

白鳥さんは、燃料卸販売専門店「白鳥」三代目を引き継ぐ代表取締役である。かつて恵比寿駅は貨物列車の終着点で、日本全国から物資が集まる拠点のひとつ。今や恵比寿はすっかり洒落《しゃれ》た町に変貌《へんぼう》を遂げたけれど、その昔は東京でも有数の問屋街だったのだ。なんでも昭和の初め、炭を扱う店は百軒を超えていたけれど、現在では、近隣で炭を扱う専門店はここ一軒。「白鳥」は、東京の炭の歴史といっしょに歩いてきた。

「中国産の炭のなかには、炭焼きに馴《な》れていない農家がにわかに窯《かま》をつくって焼いた粗悪な炭も多く混在しているんです。中国では日本向けの炭製造のために木が野放図に伐採され、環境問題を引き起こしていま全面輸出禁止になっている。また、日本でも供給不安から倉庫に山積みして湿気を吸収させてしまったり、保管にも問題がある。そういう炭は『爆跳』する。爆ぜるんです」

安い炭、買ったでしょ。そう指摘されているようで顔が赤らむ。ズバリ正解なんだもの。

「いや、なにも中国産がすべて悪いわけではないのです。品質はずいぶん向上していますが、たとえばオガ炭の原料に接着剤のついた建築材の端切《はぎ》れが使われていたりする場合もある。すると、火をつけたとき砒素《ひそ》が出たりして危険なんですよ」

あわわ、である。お気楽に炭で遊ぼうなどと思っていたら、中国の自然環境問題やら日本の輸入資材の扱いの問題やら公害問題やら、知らないあいだに大変なことになっていた。炭ひとつ、のんきに構えていられない時代なのだった。とはいえ、昨今は居酒屋でもイタリア料理でも、「炭火焼」が大はやり、炭がカムバックの兆《きざ》しを見せているのではありませんか。

「それが……『紀州備長炭《びんちょうたん》』の看板だけ売ってくれ、という需要もいっしょに増えました（笑）。二万円でも三万円でも出すって。いえ、もちろんお売りできませんが」

なんてこった。まさに看板に偽りあり。奥の厨房《ちゅうぼう》ではこっそりオガ炭なんか使いながら、外には詐欺《さぎ》まがいの「紀州備長炭使用」の表示。そんなケースは枚挙にいとまがないというから呆《あき》れる。でもね、といったん頭を冷やしてかんがえてみる。看板の「紀州備長炭」の文字をちらり眺めながら、ついつい満足気に焼き鳥を頬張ってしまうこちらの思いこみにも、身勝手なものがある。結局足もとを見られているのだ。

真っ赤に熾った炭というものは、なぜあんなに美しいのだろう。ただ美しいだけではない、じっと見ていると、まるですうーっと魂が引き込まれていきそうな、そんな危うさを孕《はら》んでいる。六、七百度をらくらく超える熱さだというのに、思わず指を伸ばして触れてしまいそうになる自分が怖い。

さらには台所のガス台で炭を熾すたび、ひそかな怯《おび》えを覚える。スイッチひとつ、強さ弱さもお手軽気ままに調節できるガスの火とは大違い。いったん熾った火は獰猛《どうもう》だ。おだやかな漆黒の炭に赤が広がれば、みるみる頬が火照《ほて》り、荒ぶる熱があたり一面を猛々《たけだけ》しく威圧しにかかる。わたしは、使い馴れたいつもの台所が、炭の火を得てまるきり違う世界の扉を開けていることに動揺する。けれども、火熾しのトバロでひるんでいては始まらない。六割がた炭が熾ったところで火箸を伸ばし、ぎゅっと渾身《こんしん》のちからをこめてゆめ落とさぬよう握りこみ、そばに寄せた七輪へ移す。

ただし、ここで気を抜いてはいけない。外に七輪を出したら、すぐさま全開にした風穴めがけてうちわであおぎ、風を送る。炭がふわあっと紅葉色に色づく。手を休めずパタパタ。ほんのりあたたかかった七輪が熱を放射し始め、手をかざせばじりりっと熱い。風の流れに風穴を向けて、さあこれで準備はすべて整った。

七輪のなかで、いよいよ紅葉色に照り輝いているのは、黒炭と備長炭の二種類である。黒炭と備長炭を較《くら》べると、黒炭は火がつきやすいけれど長持ちしにくい。いっぽう、備長炭は火がつきにくいけれど、長時間一定の高温を保つ。

「ですから、両方の特徴を生かして組み合わせればいいんです」

炭のプロ、白鳥さんのアドバイスは、ことごとく明快だ。

「火力の強い備長炭のほうが、逆にうちわひとつで火の具合をコントロールしやすいんです」

なるほど、備長炭に風を送れば、とたんに赤々と火が熾る。うちわをひとあおぎ、一気に千度近くまでも上昇するという備長炭の実力を、自分の肌で学ぶ。

炭を自分で熾していると、こころ弾んでくるからおもしろい。五年前に目撃した小さな新聞記事を、思い出す。東北の某ビジネスホテルで、夜中に女子高生が七輪囲んで焼き鳥に挑戦、煙に火災報知器が反応してボヤ騒ぎ……いや笑いましたね。その気持ち、よくわかる。やってみたかった、食べてみたかったのだ、七輪で焼き鳥を。網の上に肉でも魚でも、ぽんと置いた瞬間、じゅわあーっと音が弾《はじ》けて香ばしい匂《にお》いが一気に充満するとき、理性には用がなくなる。

炭火は、惰眠を貪《むさぼ》っていた野生に揺さぶりをかけるのだ。

ピーマン、かぼちゃ、トレヴィス、玉ねぎ、エリンギ、しいたけ、ねぎ……手始めはいつも野菜だ。夏ならば、ゴーヤーと万願寺唐辛子がなくちゃ。待ちかねてかぶりつくと、舌を焼く熱さの向こうから、野菜のこまやかな味わいがあふれ出て甘い。驚くのはまだ早い。干物《ひもの》を焼けば、肉を焙《あぶ》れば、台所のガスの火で焼いた味とのあまりの差におどろく。火ひとつ、味というものはこれほどまでに違うのか――。

炭火で焼いたおいしさは、うなぎでも焼き鳥でも先刻承知のつもりであった。炭火で焼くと、一気に熱が伝わるのでたんぱく質が繊維状にきゅっと縮み、脂肪分や水分をそのまま閉じこめてうまみを逃がさない。遠赤外線効果はガスの三倍ともいわれる。自分ちで熾した炭火でも「ほんとかな～」と頬張ってみると、野菜も魚も肉も外側はカリッと香ばしく、噛《か》めばふっくら。いつもよりぐんと味が濃く、深い。

「ただ炭で焼いただけなのに、どうしてこんなにおいしいの」

それはね。炭火がみずから語りかける言葉に耳を澄ませば、おのずとわかる。

炭火は、ただがんがん焙っているわけではないのです。強い火力が「間接的に空気に伝わる」ことで食材を焼く、つまり輻射《ふくしゃ》熱が大きな働きをしている。そこにくわえて、熱の伝わった空気が上へ、上へ昇りながら動いて生じる対流熱もいっしょに働いている。つまり、こういうことだ。炭火は輻射熱と対流熱を起こして、自然の熱い空気で焼き上げる（ちなみにフライパンで焼くときには、熱が食材に直接伝わる伝導熱が働く）。

炭火は、火で焼くのではない、「空気で焼く」のだ。だからこそ、強火の遠火が重要なのだ。七輪のなかで輻射熱と対流熱がたっぷり生まれ、そこへ遠赤外線効果のオマケもしれなくつく。だからこその、ふっくらカリッ。

炭火さえ按配《あんばい》よく熾《おこ》せば、誰にでも「七輪名人」への道は用意されている。七輪がやってきて、わたしの暮らしは思いもかけない変化を遂げた。炭火と七輪に入れこむあまり、居間の横っちょの小さなベランダは「七輪部屋」と名づけられたのだった。

ものごとの終わりは静かに始まる。

あれほど猛《たけ》り熾っていた炭火も、ころあいを迎えて失速し、ゆっくり鎮《しず》まりを迎える。ふわ、ふわ、たよりなげな白い灰に身をやつして七輪のなかで炭が震えるおしまいの様子は、ひと仕事終えた安堵《あんど》というより、あとかたもなくすがたを消してゆく直前の愛惜を漂わせ、すこし胸がうずく。

ついさっきまであんなにたのしかったというのに。わくわく胸躍らせたというのに。けれども、いまとなっては目の前にそのかけらも見つからず、すべてが灰に帰ってしまった。焚き残った白い灰は、おしまいの余韻である。

窓の外で、枯れた葉が冬の陽を浴びながら枝にしがみついている。音もない週のはざまの昼下がり、ふと思いついて小さな炭を熾し、古い手焙りにひととき掌《てのひら》をかざしてみる。

Ⅳ

いっしょでも、ひとりでも

今日は何も食べたくない

冷ごはんが鍋《なべ》のなかでしんねりと固まっている。

持ち上げたふたをそのまま宙に浮かせ、じいっと眺める。「ああ固まっている」。つぎの感情が顔をのぞかせるのをしばらく待ってみるのだが、いっこうになにも湧《わ》いてこず、ただ右手を下げてふたを閉める。かちゃり。台所に冷えびえとした金属の音が響く。

食べたくないのだ、なにも。いやそんなわけはないだろう、腹は減っているはずだ。思い直して冷蔵庫の前に立ち、またもや扉を開けてじいっと内部を眺める。納豆。牛肉のしぐれ煮。卵。粗挽《あらび》きソーセージ。こんにゃく。いくらの醬油《しょうゆ》漬け。ブルーベリーのジャム。ポテトサラダ。豚ばら肉百グラム。

すぐ目の前にあるというのに、遠い風景に映る。納豆も牛肉のしぐれ煮もいくらの醬油漬けも、あたたかいごはんで食べたい。オムレツを焼くのもソーセージをゆでるのもおっくう、だいいち鍋を火にかけるところからしてうっとうしい。ほんのひと手間だが、そのひと手間がいやなのだ。さりとて冷えきったポテトサラダが喉《のど》を通るのも、想像しただけで背筋が寒い。結局、つくり置きの牛肉のしぐれ煮を指でつまんで二度口に放りこみ、冷蔵庫に戻す。ふがっ、ぱたっ。空気を押し出す音を合図に冷蔵庫は押し黙り、ただの四角い箱になる。

食べる気が起こらない、そういうときがある。台所に立ちたくない。とうぜん買物に出る気もない。ぐーっと地の底にもぐりこんで、このまま冬眠してしまいたい。たまにそんな日が巡ってくる。べつだんからだの調子が悪くはないのに、ねじの一本二本緩んだか飛んだか、微妙に歯車がずれる。気分もいっしょに沈んでいる。

やれやれ。ため息ついて自分を持てあますのだが、しかし、あせってもしょうがない。食べたいときがあるのとおなじように、にんげん食べたくないときがある。食べなくてはちからは出ないが、食べたくないのはちからを出したくないときだ。なのに「がんばれがんばれ」、尻《しり》に火を焚《た》きつけられるのはもっとつらい。どうぶつは具合の悪いとき、ただからだを横たえて丸め、傷を癒《いや》しながら静かに回復を待つ。にんげんもおなじだ。食べることに神経もエネルギーも使わない、そんな調子の戻しかただってあるのではないか。

ただし、だましだましやり過ごす。山登りの好きなひとが教えてくれたことがある。「あのね、〝一粒三〇〇メートル〟はほんとうよ。これ以上一歩も足が前に出ないというとき、リュックのなかのキャラメルを舐《な》めると、不思議にもう一歩出そうかという気になる」

今日はなにも食べたくないというとき、決まってその言葉を思い出す。糖分を摂《と》ると血糖値が上がって、グリコーゲンが補充されるというのはやっぱりほんとうなのだな。あめ玉の一個も舐めておくか。そんな気になれば、冷蔵庫のなかのジャムに目が止まり、食指が動くのは蜂蜜《はちみつ》、カステラ、ビスケット——にわかに脳裏に蘇《よみがえ》るのは森《もり》茉莉《まり》『私の美の世界』の一編「好きなもの」。

「漱石《そうせき》という偉い人はジャムをなめたらしいが、私は練乳《コンデンス・ミルク》をよくなめる。近頃は一層凝って来て、エヴァ・ミルクにグラニュウ糖を入れてなめる。天国である。柔らかな甘みが精神にまで拡《ひろ》がる。幼いころのミルクの香《にお》いが蘇るのだろうか?」

甘いものを舐めるのは、ひっそりとした愉《たの》しみだ。食べたくない日であればなおのこと。舌先からじわじわ、喉もとから胸へ腕へ、つま先へ、しまいに甘露な毒となって潜んでいた精を揺り起こす。

さて、食べたくない度合いにもいろいろありまして、処方箋《しょほうせん》はつぎのふたつである。

一、舐める
二、囓《かじ》る
一は、食べる気がないので舐めるだけ。

二は、食べる気はないが囓るだけ。

このふたつのあいだにははるかな差があり、囓る気さえあれば余裕しゃくしゃく。囓る。すると、じっさいおどろくほど満足する。たとえぽっちりでも、欲の芯《しん》が充足を覚えるのである。さらには囓ったり嚙《か》んでいたりするうち唾液《だえき》も出て、あごや口のまわりの筋肉が忙しく動き、大脳が刺激されて交感神経も働きはじめる。血液は脳に送られて血管が拡がり、ブドウ糖や酸素、栄養素もいっしょに脳へ送り込まれる……食べていないというのにしゃっきり起きて、いいことずくめ。

その代表選手が煮干しだ。食べたくないとき、今日は食べるのをよしておこうというとき、わたしがいそいそ囓るのは煮干しです。

「今日は煮干しを囓ってるのよ」

話の接ぎ穂に、なんの気なしにそうつぶやくと、相手が電話の向こうで絶句したりする。

「え。ヒラマツさんでも煮干しを囓ったりするときがあるのですか」

「いやしょっちゅう」

ひもじいからしかたなく囓っているのではない。なにも食べたくないから、そのかわりに好きで囓っている。あわてて説明するのだが、

「そうですかあ。そんながまんをする日もあるわけですかあ」

ぜんぜんわかってもらえない。

煮干しにはいろんな味がある。うまみ、塩味、苦み、えぐみ、甘み。嚙めば嚙むほどじわりじわり、天日に干されていっそう濃度を増した海の生命が踊っているような。だからもったいなくて、頭やはらわたを取ったりなんかしない。まるごと一尾がしがし嚙みしだく。十尾も嚙めばすとんと深い充足が訪れる。

ナッツもむしょうに囓りたくなる。くるみ。ピスタチオ。アーモンド。松の実。ピーナッツ。こりこり、かりかり、歯のあいだで音を立てながら嚙む。リズムをつけながら小刻みに嚙む。頭のなかに響く音が自分の骨に反響する。骨に弾みが伝わる。

こんな日もある。今日は食べるのをよそう。食べたいけれど控えておこう。自分だって殊勝にも抑制が効かせられるのだと君子気取りになれる、そんな日。

たとえば黒糖をまぶした沖縄のおおつぶピーナッツ。えびせんべい。炒《い》りたての熱

い銀杏《ぎんなん》。オレンジの皮をチョコレートでコーティングしたオランジェット。食べはじめたら暴走する。または、久しぶりにつくった鶏《とり》のからあげ。もったいなさが先に立って、満腹なのに鍋のなかをきれいにさらってしまったすき焼き。蒸《ふ》かしたての中華おこわ。もうやめておけ、と理性が羽交い締めするところを振りほどき、気がつけば今日もまた大暴走。うっかり調子に乗って食べ過ぎ、ずっしり胃が重いのがいまいましい。または、仕事で日に四度も食事をする事態に陥れば、翌日はぜんぶを控える。摂取カロリーを二日で足して割り算し、強引に平均値に戻すという策を講じ、同時に胃も休息させるわけである。

——と、ここで脳裏に浮上するひとつの言葉がある。断食《だんじき》である。

断食道場。断食合宿。断食ホテルツアー。今日び断食が一大ビジネスになる時代だ。自分でお金を払って、お膳《ぜん》立《だ》てしてもらって、わざわざ食べられない状況に押しやる。冷静にかんがえれば相当のんきな話だが、そうまでしなければ食べる誘惑にあえなく降参してしまう。というわけで断食ビジネスの出番なのだが、昨今はお金も手間もかからない「週末プチ断食」が大流行《おおはや》りだ。

土日は野菜ジュースだけ。あるいは三食二日間、野菜スープやお粥《かゆ》だけ。あるいはふだんの量の半分以下に減らす……やりかたはお好み次第。思いたったら自宅で簡単にでき、「半分」「少量」の逃げ場もちゃんと用意されているところは、さすが「プチ」のゆるやかさだ。いずれにしても断食の利点は、一般にこんなふうに言われている。

「食事つまり栄養を断つことで、それまで過剰に摂取して消化しきれなかった栄養を体内に摂りこみ、余分な脂肪を吸収し、燃焼して体外に排出する。老廃物もいっしょに体外に除去する」「負担のかかっていた胃や腸を休ませ、内臓に休息を与えて正しい位置に戻す」

食べないと、たしかにからだは軽くなる。これはほんとう。朝と昼をヨーグルトや煮干しで過ごすと、さすがに夕方あたり猛烈な空腹感に襲われるのだが、その飢餓を越えると、しばらくしてからだがすっと軽くなったような高揚感を味わう。おまけに頭も「澄んだ」気になる。そんな感覚にいったん慣れると、食べないことが未知の快感に変化してゆく。なるほど、これが「断食ハイ」なのね。「週末プチ断食」の人気もわかるような気がします。

しかし、気まぐれの断食趣味をおっとり楽しんでいられない場合がある。

ラマダン中のモロッコに旅をしたのは五年まえの秋だ。イスラム教の断食月ラマダンの期間は、日の出から日没まで一切の飲食を断って過ごす。水一滴口に含むのも禁じられる宗教儀式の毎日、モロッコのひとびとはいったいどんなふうに暮らしているのか、知りたいのはそれだった。

カサブランカからマラケシュに着いて二日め、ふと察知した。夕方四時を過ぎたあたり、街ぜんたいの空気が不穏にざわつく。五時を回ればひとの視線がきょときょと虚《うつ》ろになる。なんだろうこの不安定な感じ……はたと膝《ひざ》を打った。日没時間ぴたり六時十五分、街中にサイレンが響き渡ると同時に、その日最初の「朝食」が訪れる。つまり「食べられる」。

「朝食」に必ず飲むのは重湯のようなスープ「ハリラ」である。テーブルには甘いお菓子、なつめ、蜂蜜、ゆで卵、モロッコのパン「ムラウィ」……ようやく禁忌から逃れるや、仕事はそっちのけだ。ホテルのフロントでさえ人影は消え、モロッコ中のひとびとはいっせいに食卓に向かう。家の近くにいれば家で、会社にいれば会社で、遠出をしていれば出かけた先で。どこにいても必ず、とろりとあたたかな「ハリラ」を分け合い、待ち焦《こ》がれた本日の「朝食」を急ぐ。

おや？　ラマダンを乗り越える苛酷《かこく》さばかり危惧《きぐ》していたのに、なんだか拍子抜けだ。だって、「ハリラ」を飲みながら、みな誇らしげに胸を張って言うのだ――この一ヶ月、とりわけ家族の絆《きずな》がぐっと強まります。だから国ぜんたいにも一体感が生まれます。

そのうえラマダン明けには国をあげての盛大なお祭りが待っている。つらさを克服したごほうびなのだ。食べることのできない禁忌が、食べられるありがたさを過剰に際立《きわだ》たせる。

聞きたいことがあります。親しくなった髭《ひげ》づらのおじさんに問うてみた。

「こっそり食べちゃった、なんてことはただの一度も？」

「もし一度でも食べてしまえば、生まれたときから守ってきたイスラムの教えに背いてしまう。そうしたら、それまでの自分の人生にも背くことになる。モロッコ人としての生きかたがわからなくなります。食べないことより、そのほうがずっとこわいです」

食べることと食べないことが文化の規範に関われば、ひとのこころの深部をも掌握するのである。

「エビフライかな。それともオムライス？」

小児科病棟のベッドに寝たきりのもうじき三歳の娘に話しかける私は、『ムーミン親子のお料理ブック』のページをめくっており、娘の細い手首には無数の注射のあざと点滴の管。

二十六年前のことだ。腎臓《じんぞう》の難病を得て生死の淵《ふち》をさまよったのち回復に向かった娘をまず待っていたのは点滴、つまり食べることをいっさい禁じられた入院生活なのだった。ベッドに仰向《あおむ》けのまま、けれども、朝には配膳《はいぜん》の音が聞こえ、昼ともなればうどんやら肉じゃがの匂《にお》い、日暮れれば小児科病棟のこと、「やったーカレーライスだ」の歓声が耳に届く。食べたくても食べられない娘を思うと、胸がつぶれた。

思案のすえわたしは、主治医ものけぞる行動に出た。食べられない娘に、とびきりおいしそうな料理の写真満載の本を開いたのである。荒療治のつもりなどではない、食べたい気持ちをないことにしてふたをし、抑え隠させるのがつらかった。たとえ食べられなくとも、エビフライやオムライスをおいしそうと思い、食べたいと願うほうがらくになれるのではないか。母親の直感だった。

病棟にかちゃかちゃ響く皿や箸《はし》の音が、『お料理ブック』を開く合図だ。

「さあごはんにしよう」

あれはたしか回復後の点滴が始まって四日めだった。今日のお昼は、ええと旗の立ったお子様ランチで、食後はプリンだよ。最初にハンバーグを切ってあげるねなどと身ぶり手ぶりよろしくやっていたそのとき。

娘がふいに本から視線を離し、ベッドの脇《わき》のわたしへ向けた。そして言った。

「おかあさん冷めちゃうよ、はやく食べてきて」

なんということだ。娘は知っていたのだ、つき添いのわたしのお膳は食事時間のたび隣室に運ばれて用意されていたことを。ちからなく横たわっているこのちいさなひとは、もう半月食べものを口にしていない。それなのに、ひとの食べもののあたたかさを思い気遣っている。せつなさに身が切られた。

冷めきった味噌汁《みそしる》の椀《わん》を両手で持ち上げ、くちびるに当ててむりやり流しこむ。小児病棟のクレゾールの空気といっしょに薄っぺらい味噌の味が舌に触れた瞬間、腹の底から太い嗚咽《おえつ》が噴きだした。おかあさんひとりだけ食べてごめんね。食べたくても食べられないのに、ごめんね。涙がぽとぽと落ちて、豆腐のはぎれの浮かんだ表面を揺らし、味噌汁がなおいっそう冷えて光っていた。


今日はなにも食べたくない。どうしても食べる気が起きない。料理なんかしたくない。湯も沸かしたくない。台所に立ちたくもない。

そんな気持ちになる日は、むりをせず逆らわない。いったん自分を受け容《い》れて、よしよしとふところにおさめる。食べたくない気持ち、そのかたすみには、自分でも気づかない、または知りたくない感情も膝《ひざ》をかかえてひっそり潜んでいるから。

けれども、食べたくない日をどうにかやり過ごせば、きっとそのつぎの日はやってくる。

ひとりで食べる、誰かと食べる

「いっしょに暮らしてても意味ねえな、って」

トキワさんが黒糖焼酎《しょうちゅう》のグラスをぐいっとあおったら、おおきな氷がからんと鳴った。トキワさんの妻の勤め先は建築事務所で、早朝出勤と残業と出張がてんでんばらばらだから家でめったに顔を合わせない。

「結局おれ、ふだん自分で買い物行って自分で飯つくって自分の皿自分で洗ってんの、もう二年近く」

ふたり暮らしなのにひとりの飯って、なんかひとり暮らしより侘《わび》しい感じでさ。自己憐憫《れんびん》たっぷりにそう言い、グラスのなかの氷をからころ転がすのだった。

あのね。その気持ちもわからないでもないが、自分で買い物行って自分で飯ひとりぶんつくって自分の皿自分で洗うのが、そんなに侘しいか？　じゃあ、ひとりでごはんを食べてたら、みんな哀《かな》しいひとなのか？

喉《のど》から出そうになったセリフをぐっと抑えて、トキワさんの背中を叩《たた》いた。

「よかったじゃないの料理の腕が上がってさ。これでもう、ひとりで強く生きていける準備は万全だ！」

畳屋のニシさんは結婚二十九年、一度も台所に立ったことがないとそっくりかえっている。家でひとりで飯よそうくらいなら、おれは酒飲んで寝るね。いっぽう女だって負けてはいない。近所の主婦モモちゃんは三十半ばごろだが、夫の両親と夫と子どもに毎日毎日三食つくり続けているのが最大のあたしの取り柄かも、と言うのである。

ほんとうにそうか？　ひとりでごはん食べられない（と思いこんでいる）男（女）にも、ひとりで食べさせられない（と思いこんでいる）女（男）にも、よけいなお世話ですが、おなじことを聞いてみたくなる。

いやがおうでもひとりで生きなきゃいけなくなることがあるんですよ。にんげん、ひとりで生まれてひとりで死んでいくので、いつなんどきでも自分ひとりで生きていける準備はしておいたほうが、いざというときうろうろせずにすむのじゃないかと思うのです。

ひとりピクニックが好きだ。

たとえば秋の風吹き抜けるちいさな公園のベンチに腰を下ろし、近所で買った気に入りのコロッケパンなんか頬ばる。澄んだ青空に鰯雲《いわしぐも》、そよと揺れる木々、ちょんちょん砂場の脇《わき》を跳ねる小鳥。照れるほど幸福な風景にひとり酔う。その気になれる午後なら、手にするのはカップ酒と缶詰。

ようするにひとり遊び、凧《たこ》の糸切れ放題、妄想ふくらませ放題。だからコロッケパンだって、うちで淹《い》れた熱いミルクティのカップを片手に食べる味とはぜんぜんちがうおいしさだ。

「たしかに外なら気分転換になるんだよ。モンダイは家のなかだ。しいんとしてる部屋でひとりでもそもそ食べるなぞ、辛気臭くてやだねおれは」

酒飲んで寝たいニシさん五十一歳の主張である。ふっふ。まさにそこなのよ。

いつもはひとりじゃないのに、家でひとりで食べる状況に立つ――「真価」が問われるのはね、そこですよ。もしひとりで暮らしていれば、甘えていられないごくフツーの日常のひとコマだ。けれども、これがいったん同居人や家族を持ってしまうと、なにかが崩壊する。にんげんやわになってしまい、空腹を満たす行為に過剰な意味をくっつけたがるからナサケナイ。

たとえばこんなふう。

一、がんばってちゃっちゃっとつくっちゃおうか、スパゲッティとかうどんとか炒飯《チャーハン》とか

一、冷蔵庫のヨーグルトとかバナナとか納豆とかチーズとか、そのまま食べられるもので切り抜けとこ

一、インスタントかレトルト食品でいいや

一、ええい面倒だ、外へ食べに出るか

一、わざわざ外へ出るのもおっくうだ。とりあえずビールでも

とまあ、気分と場合によって自分に選択を迫るわけです。わたしならどうするか。手間をかけずぱぱっと終わらせたいので、冷蔵庫のおかずをちょこちょこ集めて一枚の皿にのせ、定食ふうにあつらえてハイ終了。めぼしいおかずが見つからなければ、漬物とトーストでもぜんぜん平気だ。手っ取り早くて満足度の高いナンバーワンは、ありあわせのハムとか野菜とか目玉焼きをはさんだサンドウィッチです。

わたしのひとりの昼ごはんは、ひとさまにお見せできるようなものではない。机に向かって仕事をしながら、その片手間に頬張る。とちゅうで集中力が切れると困るし、

だいいちおなかがくちくなると眠くなってしまう。むしろ食べないですませることのほうに神経を遣うといったらよいか。

ようするに、ひとりで食べるということに、ことさらな意味を持たせるほうが面倒なのだ。いちいち一食ずつ楽しむ態勢に持っていくというのも、うっとうしい。空腹だけはさらりと避けておく、そのための知恵を繰り出すわけです。

十日ほどまえのことだ。午前十時を回った電車のなか、向かいの席に座ったたいかにもフレックスタイム出勤の様子の彼女がそろりバッグから取り出して齧《かじ》りついたのは、クロワッサンである。なんとま、昨今はついに通勤電車も食卓がわりか。読みさしの文庫本にしばらく視線を落とし、なんの気なしに顔を上げたら、クロワッサンが焼きそばパンに代わっている！　もう一度文庫本に戻ってからふたたび視線を上げると、おお！　焼きそばパンが、クリームパンに代わっている。

おみそれしました。甘いパンでデザート一丁上がり、駅の構内であわてて買ったパン三ケ、ちゃんとコース仕立てになっているのが可笑《おか》しい。遅刻の窮地に追い込まれてなお知恵がある、工夫がある。空腹の崖《がけ》っぷちで踏ん張りながら、貪欲《どんよく》でたくましい。くちびるについたクリームをぺろりと舐《な》める満足げな表情が、にわかにいじらしい。

ひとりで食べるのはいやではない。嫌いでもない。かといって、おもしろいわけではない。そのあたりの感情の狭間《はざま》を泳ぎながら、みな自分なりの工夫を凝らしているのだ。

苦々しい響きが妙に気に障《さわ》る。それが「おひとりさま」という言葉です。

「いらっしゃいませ。おひとりさまでいらっしゃいますか」

「おひとりさまですね。こちらへどうぞ」

うるさいと思う。ひとりなのは見てわかる。どうしてわざわざ「さま」をくっつけるか。外で「ひとり」で食べることにまつわる（とかんがえられている）憐憫、侮《あなど》り、当人の羞恥《しゅうち》、体裁のわるさ……。そのお互いのフクザツを、「さま」の二文字で一気に回避しようという発明語なのだ。

だからいつまでたっても「ひとり」がフツーにならないのだと思う。ひとりって、じつは大仰なものではないの。

銀座の鮨屋《すしや》の主人が言っていた。

「おおきな声じゃ言えませんがね、鮨屋はすっと食べてすっとお帰りになるお客さまがいちばんうれしい。ええ、おひとりだっておなじことです。といいますか、おひとりのお客さまはね、食べたいものをさらりと召し上って長っ尻《ちり》せずお帰りになる方が多い。いいお客さまなのですじつは」

たったひとりは、ありがたいお客になることもある。だから、むやみにびくついたり、構えたりする必要はありません。「お客さま、おひとりさまで」なんて、慇懃《いんぎん》にあつかわれて喜んでちゃだめ。すっといって、さっと楽しんで、ぱっと帰る。これが、外でひとりで食べるときの極意である。

ただし、ひとりがハマる場所とそうでない場所がある。ひとりのとき避けておきたいのは、たとえばテーブルにぱりっと白いクロスがかかって、椅子《いす》がきちんと二脚向かい合っているようなレストラン。つまり誰かといっしょに食べることが前提になっている場所では、「いるべき相手がいない」ように見えてしまう。これはやっぱりちょっとつらい。

だから、ひとりのときはカウンターのある場所を選ぶ。そもそもカウンターというスタイルは、ひとりが基本になっているから。鮨屋だって、ほら、カウンター仕様でしょう。てんぷら屋や割烹《かっぽう》も、カウンターがあればぷらりと気兼ねなく入れる。

いちばん気楽なのは、なんといっても定食屋やそば屋である。焼き魚定食、野菜炒《いた》め定食、すき焼き定食、ひとりぶんをあらかじめお膳《ぜん》に整えてくれているのが定食屋の親切なところ。さらには、そば屋ならビールでも日本酒でも、のんきに手酌。できますものは卵焼き、板わさ、海苔《のり》、よりどりみどり。あたたかいそばでも冷たいそばでもお好みしだい。そば屋は、つまり、こころおきなくひとりでゆるり過ごせるおとなの喫茶店なのです。

ひとりでも、ふたりでも、大勢でも、それなりにぴたりとくる場所を選び分ける。これもまた生活の知恵である。

秋の遠足の道すがら、友だちと喧嘩《けんか》して、輪の外でひとり食べた海苔巻き弁当。忘れものの罰に立たされて、ひとり居残って食べた給食。おとなになればなったで、にぎやかな団体客の隣でぽつんとひとり、小鍋《こなべ》の固形燃料にマッチで火を点《つ》けた旅先の旅館の夕食。張り切ってこしらえたのに結局みんな帰りが遅くなり、自分ひとりで食べるはめになったちらし寿司《ずし》。楽しくはなくとも、そのときどき、「まあこんなときもあるだろうよ」と遣《や》り過ごしてきた。

突然おかしな話だが、葬式に出て精進落としの席に連なるときに覚えるあの不思議な感覚を、ふいに思い出すことがある。

喪服を着て飲み食いする。そして、もう決して会うことのないひとを身近に求め、切実な親しみを募らせる。大勢で卓を囲んで箸《はし》を動かしながら、みなひとりひとりひそやかに、旅立っていったひとをこころに呼び戻す。昔なら「なんだ、葬式で飲み食いなんかして」と嫌っていたが、今はちがう。ほんの少しでも食べることで、身を裂かれるようなさみしさにほんの少し血が通う。舌のうえにのせ、歯で咀嚼《そしゃく》し、唾液《だえき》を湧《わ》かせ、ごくりと飲みこみ、味わいを感じ取る。すると、冷え冷えとした哀《かな》しさにしだいにぬくもりが通いはじめる。

だから、たったひとりで食べていたって、それ自体がすでにぬくいことなのだ。さみしかったり、侘《わび》しかったりするものではないのだ。ほんとうにそうだとしたら、ひとりを取り巻く、そのカンケイがきっと少しばかりさみしいのだ。自分で買い物行って自分で飯ひとりぶんつくって自分の皿自分で洗って「いっしょに暮らしてても意味ねえな」ってこぼしていたトキワさん、ちがいますか?

そんなことを頭に浮かべながら啜《すす》るつくり置き四日めのミネストローネだ。毎日煮返しながら、ひとりで食べたりふたりで食べたり三人で食べたり、またひとりで食べたり、ひとさじのなかに日々味わいが積み重なっている。

たったひとりの味を知っていれば、誰かといっしょに食べるおいしさはそのぶん深く、ありがたい。

ひとりで食べる、誰かと食べる　p.240 ~

黒パンのサンドウィッチ

黒パンは味がしっかりしているから、少しでも満足感があるところが好き。はさむだけのサンドウィッチは、ひとりのごはんに絶好だ。黒パンなら、スモークサーモンやクリームチーズ、クレソンをはさむ。でも「こんなおいしいもの、ひとりで食べてごめんねー」とも思う。

ミネストローネ

週の始めに大鍋にどっさりつくり、毎日火を通しながら味の変化を楽しむ。材料はいつも同じ。玉ねぎ、ズッキーニ、にんじん、セロリ、じゃがいも、リーキか長ねぎ、ベーコン。ぜんぶをおなじ大きさの角切りにしてオリーブオイルで炒め、鶏スープか水を注いでことこと煮込む。2日ほど過ぎたら、ざく切りのほうれん草やトマト、粗くちぎったバゲットなんかを入れてもったりさせ、味の変化を楽しむ。

海苔たまそうめん
今日は買い物はいや。台所にあるものでおいしい麺をつくりたい。そんなときの人気メニューです。材料は卵、海苔、かつおぶし、そうめん。そうめんをゆでているあいだに、溶き卵、醤油、塩をお椀に入れて混ぜておく。そうめんの湯を切り、椀に入れてかつおぶしと海苔をのせ、仕上げに一味をかならず！

ねぎとお揚げと卵の煮物
これを食べると、いつもなぜか落ち着く。おだやかなおいしさになぐさめられるのだ。だし汁を沸かして短冊切りの油揚げと青ねぎを入れ、卵を静かに割り入れる。味つけは醤油、酒、塩だけ。20年以上繰り返しつくりつづけているおかずのひとつ。意外にボリュームもあります。

具だくさんの味噌汁
具だくさんにすると、野菜からおいしいだしがたっぷり出る。じゃがいも、玉ねぎ、キャベツ、にんじん、ねぎ……台所に転がっている野菜ならなんでも。鍋に放りこんでくつくつ煮る。あとはおにぎり1個でも大満足。

卵蒸し
ふるふる震えながらのどを滑り落ちていく、とびきりの優しさ。夏も冬も一年中飽きずにつくっている。卵1個にだし120ccが目安。塩も醤油もほんの少しだけ。

今日は何も食べたくない　p.228～

湯豆腐
朝ごはんにも湯豆腐、いつでもどこでも湯豆腐。鍋に張った湯のなかに豆腐を放ち、静かに火を通す。ゆらりと動いたらできあがり。すくい上げてうつわに滑らせ、薬味はおろししょうがをたっぷり。

梅干し入りとろろ昆布のおつゆ
困ったときの「お助けおつゆ」決定版。カップのなかに梅干しととろろ昆布を入れ、醤油をたらり、塩をひとつまみ。熱い湯を注いでさっと混ぜればあっというま。忙しいときの朝にも、目ざましがわりに。

釜揚げそば
そばに「キレ」とか「技」とか言い過ぎるのは苦手です。釜揚げそばは出雲の郷土料理。ゆでた熱いそば湯もいっしょに味わう。だしをかけても、麺つゆに浸しても。薬味に刻みねぎ、一味唐辛子、かつおぶし。とろんとおだやかなそば湯の風味は格別。からだがぽかぽかにあたたまる。

蒸しもの名人になりたい　p.200～

蒸し野菜
●材料　季節の野菜を好きなだけ
●つくりかた　食べやすい大きさに切った野菜を、強火にかけた蒸籠で一気に蒸す。厚さや硬さによって時間差攻撃で蒸籠に入れ、それぞれの食感を生かすのがコツ。蒸気の勢いに包まれて、野菜の濃く深い味わいがじんわりと花開く。オリーブオイルや塩だけでシンプルに。

中華おこわ
大きなハスの葉で包んで蒸すと、独特の香ばしさが移って、おいしさひときわ。オイスターソースや醤油、紹興酒などで炒めて味を含ませたもち米、豚肉、干しえび、干し貝柱、干ししいたけ、たけのこをハスの葉で包み、強火でじっくり蒸す。もう20年以上つくり続けている。

②スモークサーモンは食べやすい大きさ、ディルは茎ごとみじん切りにする。③ボウルに全部の材料とオリーブオイル、塩を加え、手早く和える。

しそとみょうがのひとくちそうめん

夏はしょっちゅう、これです。ひとくちにまとめておくと、残ったときもくっつかない。少し残しておいて、翌朝そのままおつゆに入れたりもする。

●材料（2人分）　みょうが5本 しそ10枚 そうめん適宜 麺つゆ適宜

●つくりかた　①みょうがとしそはせん切りにする。②そうめんをゆで、冷水にさらしてからザルに上げ、水気を切る。③ぜんぶを和え、食べやすい量を少しずつ手に取り指に巻きつけて、盛りつける。

油麺

おいしいラー油で、夜食に即席油麺をつるつる。

●材料（1人分）　中華麺1/2玉 白髪ねぎひとつかみ 石垣島ラー油大さじ1 ※石垣島ラー油は沖縄・石垣島「辺銀食堂」製。「わしたショップ」などで購入できる。

●つくりかた　ゆでた中華麺を器に盛り、白髪ねぎと石垣島ラー油をかける。好みで芝麻醤をかけてもおいしい。

麺をつるつるっ p.192～

ピビム麺

夏、ちゃっちゃっと簡単にできるソウルの食堂の味。

●材料（2人分） A［コチュジャン大さじ2 醤油大さじ1 ごま油大さじ1 砂糖大さじ1/3 すりごま大さじ1 おろしにんにく小さじ1/2］冷麺 白菜キムチ、せん切りきゅうり、ゆで豚など適宜

●つくりかた ①Aをよく混ぜ合わせる。②冷麺をゆでて氷水で締め、水気をよく搾り、ボウルに入れて①を加えて手早く和える。③碗に盛り、白菜キムチ、きゅうり、ゆで豚などをのせる。

梅干し入り稲庭うどん

小腹が空いたとき、つくるのが面倒なときに大活躍。

●材料（2人分） 梅干し2個 万能ねぎ4本 うどんのつゆ適宜 稲庭うどん

●つくりかた ①うどんをゆで、氷水にさらしてコシを出す。②熱いうどんのつゆをうつわに張り、梅干しと小口切りにした万能ねぎを散らす。

サーモンとカッテージチーズのカッペリーニ

冷やした白ワインを飲みたいとき、よくつくる。

●材料（2人分） カッテージチーズ大さじ4 スモークサーモン4枚 ディル4～5本 オリーブオイル、塩適宜 カッペリーニ

●つくりかた ①カッペリーニは多めに塩を入れた湯でアルデンテにゆで、冷水に放って冷ましてからザルに上げ、水気をよく切る。

↘はせん切り、牛肉は食べやすい大きさに切る。②鍋にサラダ油とグリーンカレーペーストを入れて炒める。③ココナッツミルクを加えて全体をなじませ、煮る。④表面に油が浮いたら①とナムプラー、砂糖、バイマックルートを加えて煮る。⑤最後にししとうを加えて煮て、塩を加えて味をととのえる。

カレーうどん

たっぷりうまみを吸った油揚げとねぎの甘み。どっちも、私のカレーうどんには欠かせない。

●材料　長ねぎ2本 油揚げ2枚 カレー粉（またはカレールー） 適宜 だし3カップ サラダ油大さじ1 うどん 七味適宜

●つくりかた　①鍋にサラダ油を入れ、斜め切りにしたねぎを炒める。②油揚げは短冊切りにする。③カレー粉とだし、油揚げを加え、煮る。④うつわにうどんとカレーを盛り、七味をふる。

じゃがいものスパイシーな煮っころがし

新じゃがが出たら、待ちかねてつくる。パンにもごはんにも、お弁当にも。皮つきがおいしさのポイント。

●材料　新じゃが15～20個 クミンシード小さじ1　A［ターメリックパウダー小さじ1 1/2 粉唐辛子、コリアンダーパウダー、クミンパウダー各小さじ1 ガラムマサラ小さじ1/2］水2/3カップ 塩小さじ2 サラダ油大さじ2

●つくりかた　①じゃがいもは皮つきのまま、よく洗う。②鍋にサラダ油とクミンシードを入れて火にかけ、香りを立たせる。③じゃがいもを加えて炒め、Aを加えて全体を混ぜる。④水と塩を加えてふたをし、ときどき混ぜながら蒸し煮する。

↘大さじ1 塩適宜
●つくりかた ①鍋にサラダ油、唐辛子、シナモンスティックを入れて火にかけ、香りを立たせる。②細かいざく切りにしたほうれん草と鶏胸肉を加えて炒める。③Aを加えて煮る。④塩で味を調える。

カリフラワーとグリーンピースのカレー

カリフラワーのぽくぽくした食感が、絶品なのです！
●材料 カリフラワー1個 グリーンピース1/4カップ クミンシード小さじ2/3 A［ターメリック小さじ1 クミンパウダー小さじ1 コリアンダーパウダー小さじ3/4 チリパウダー小さじ2/3］ 種を除いてざく切りにしたトマト1/2個 水1/2カップ おろしにんにく、おろししょうが各小さじ1/2 サラダ油大さじ1 塩適宜
●つくりかた ①鍋にサラダ油とクミンシードを入れて炒める。②香りが立ったら小房に切ったカリフラワーを加えて炒める。③Aのスパイスを加えて炒め、トマト、水、グリーンピースを加えて、ふたをして蒸し煮にする。④おろしにんにくとおろししょうが、塩を加える。

なすのグリーンカレー

スパイシーなのに、こっくりまろやか。タイのグリーンカレーは硬くて丸いなすを使う。
●材料 なす3本 たけのこ200g ししとう8本 牛肉200g グリーンカレーペースト50g ココナッツミルク1缶 ナムプラー大さじ1 1/2 砂糖大さじ1/2 バイマックルート5枚 サラダ油大さじ1 塩適宜
●つくりかた ①なすは乱切り、たけのこ↗

夏はやっぱりカレーです　p.181 ～

スパイシーライス

カレーの味は、ごはんひとつでぐんとおいしくなる！

●材料　シナモンスティック 1/3本 黒粒胡椒8個 ターメリック小さじ 2/3 サラダ油小さじ2 米2カップ

●つくりかた　①鍋にサラダ油、シナモンスティック、粗く割った黒粒胡椒を入れて火にかけ、香りを立たせる。②洗った米とターメリックを加えてひと混ぜし、同量の水を加えて炊く。

きゅうりとピーマンのライタ

カレーのサイドディッシュにぴったり。さわやかな酸味のライタは、インドの食卓の定番の味。

●材料　きゅうり 1/2 本　緑ピーマン、赤ピーマン各 1/2 個　ヨーグルト 500g 塩小さじ 1/2

●つくりかた　①きゅうり、緑ピーマン、赤ピーマンを細かく刻む。②ヨーグルトをよく混ぜてなめらかにしてから塩と①を加える。

鶏肉とほうれん草のカレー

ほうれん草が鶏肉にからんでおいしいソースに。優しい味わいの「インドのお母さんの味」。

●材料　鶏胸肉 200g ほうれん草1束 シナモンスティック1本 唐辛子1本 A［ターメリック小さじ1 1/2 クミンパウダー小さじ1 コリアンダーパウダー小さじ1 チリパウダー小さじ 1/2 種を除いたトマト1個のざく切り おろしにんにく小さじ 1/2］サラダ油↗

「ル・クルーゼ」直径16cm版で炊くピラフ

米２合とズッキーニ１本をオリーブオイルで炒めて同量の鶏スープで炊き、パルミジャーノと粗挽き黒胡椒を加えて蒸らす。いただく直前にミントをたっぷり加えればパラリと軽快な味わい、これはもう感動の美味。

手でつくる――韓国の味　p.115 ～

サムジャン

包んで食べる、つまり「サム」するときに使うジャン（醬）のこと。保存がきくので、合わせ調味料として自在に応用できる。野菜や豚肉を炒めるとき、そのまま調味料としても使える。好みでみりんか酒を加えるといい。

●材料　コチュジャン大さじ4 味噌大さじ3 醤油大さじ2 砂糖大さじ1 すりごま大さじ1 1/2 おろしにんにく1片分 長ねぎ（みじん切り）大さじ2　いりこ4尾 ごま油大さじ1 1/2

●つくりかた　①いりこの頭と腹わたを取り、細かく手でほぐす。②小鍋にごま油を入れ①を焦がさないように炒める。③他の材料を加え、軽く火を通してなじませる。

焼き野菜

おいしくつくるいちばんのコツは厚めに切ること。

●材料　さつま芋、長芋、にんじん、いんげんなど野菜なら何でも　タイムなど好みのハーブ　かぼすなど柑橘類　オリーブオイル適宜　塩適宜

●つくりかた　①野菜を皮つきのまま厚めに切る。②フライパンにオリーブオイルを熱し、①の野菜をじっくり焼く。途中でハーブを野菜にのせ、蓋をして香りを移す。③うつわに②を盛り、塩をふり、かぼすや柚、レモンなど柑橘類をしぼって回しかける。

れんこんの素揚げ

酒の肴にも、おもてなしにも。れんこんの滋味の深さに脱帽する。

●材料　れんこん200g　揚げ油適宜　塩、山椒の粉適宜

●つくりかた　①れんこんをよく洗い、皮つきのまま大きめの乱切りにする。②鍋に油を入れて中温に熱し、れんこんを素揚げする。③塩と山椒の粉を合わせ、れんこんにつけながらいただく。

おいしいごはんが炊きたい　p.099〜

文化鍋で炊くごはん

軽くて丈夫、手入れも楽ちん、値段も安い。わたしは最も素朴でクセのない文化鍋でごはん炊きの火加減の基本を「学習」した。おネバが噴いてふたがカタカタ鳴り始めたら、沸騰開始。そのタイミングで中火にし、熱い蒸気を逃さないよう重石をのせる。ごはんの甘い香りが漂ったら、急いで火を消して蒸らす。

ゆで豚　韓国風

熟成した白菜キムチと豚肉の相性は絶妙。何度食べてもうっとりする。食べ出したら止まらない。

●材料　ゆで豚（豚バラ肉）800g 白菜キムチ 1/4 株　わけぎや万能ねぎなど

●つくりかた　①豚肉をゆでたらそのまま汁のなかに入れ、粗熱がとれるまで置く。②豚肉を厚めに切る。白菜キムチは食べやすい大きさに切る。③豚肉と白菜キムチを重ねたり、くるんだりしていただく。

ぴしり、塩かげん　p.084 ～

豆腐のオリーブオイルがけ

つくりたてのおいしい豆腐で、ぜひ一度試してほしい。やみつきになります。

●材料　木綿豆腐1丁 オリーブオイル大さじ1 塩適宜

●つくりかた　①豆腐をざっくりと手で割る。②いただく直前にオリーブオイルを回しかけ、塩をぱらぱらとふる。

塩豚

塩豚は万能食材。質のよい豚バラ肉のかたまりに塩をふり、よくすりこんで一晩寝かせる。目安は 800gに塩大さじ２～3。数日もつので、焼いたり煮たり、ゆでたり、自在に応用する。

沖縄の煮しめ

沖縄に通ううち、私の得意料理になった沖縄の味はたくさんある。これもそのうちのひとつ。

●材料　豚バラ肉（ブロック）300g 煮もの用昆布 60cm 干ししいたけ5〜6枚 にんじん（中）1本 厚揚げ1枚 かつおだし4カップ 醤油大さじ2/3 泡盛大さじ1 みりん大さじ3/4 塩小さじ1

●つくりかた　①豚肉はゆでて冷まし、4cm角に切る。②昆布は水に浸して戻し、結び目をつくってから均等に切る。厚揚げは3cm角に、にんじんは乱切り。③鍋にかつおだしを沸かし、豚肉、干ししいたけ、昆布、にんじんを加え、醤油、塩、泡盛、みりんを加えて中火で 20 分ほど煮る。④厚揚げを加えてさらに 10 分ほど煮る。⑤火を止め、いったん冷ますと味がしみておいしい。

せりの卵スープ

せりのほろ苦さはくせになる。しゃきしゃきの歯ごたえ、卵のふわふわ、冬から春先にかけてしきりにつくる。

●材料　豚肉のゆで汁3 1/2 カップ 酒小さじ1 せり 1/2 束 卵1個 水溶き片栗粉適宜 塩適宜

●つくりかた　①鍋に豚肉のゆで汁を沸かし、酒を加える。②水溶き片栗粉と塩を加える。③ざく切りにしたせり、溶き卵を加え、最後に塩で味を調えて、すぐに火から降ろす。

ゆでじゃがいも　ミント風味
じゃがいもをほっこりゆでてボウルに入れ、粗く潰す。まだ熱いうちに塩とオリーブオイルを入れて混ぜてから、そのまま冷ます。食べるまえに、ちぎったミントの葉をどっさり。「え、こんなに入れるの」というくらい、思いきりよくたくさん入れるのがコツ。白ワインやシャンパンによく合う大自慢の一品。お洒落な味、というやつです。

飲みたい気分　p.050 ～

海苔の和えもの　きゅうり甘酢
焙り揚げ
いつもの酒の肴の定番。網でこんがり焙った揚げは、生姜醤油をたらりとたらす。甘酢きゅうりは皮を削いでたてに切り、種を除いて塩もみしたものを甘酢に漬ける。海苔の和えものは、ちぎった海苔に醤油、ごま油、おろしにんにく、すりごま、砂糖、粉唐辛子を混ぜて和えただけ。思いついたらぱぱっと手早くできるものばかり。

わたしのだし取り物語　p.072 ～

豚バラ肉のだし
大鍋にたっぷりの水を張り、豚バラ肉を入れてゆっくり煮る。澄んだスープをつくるには、表面がおだやかに揺れるくらいの中火で、静かにことこと。よけいな香りはつけたくないので、酒もねぎもにんにくも何も入れない。ストックするのは苦手なのに、これだけはたくさんつくり、冷凍庫にしまっておく。いつでもおいしいスープが簡単につくれて、安心。ゆでた豚肉も、もちろんぜんぶ、おいしく食べ尽くす。

鶏のトマト煮

1970年代、わたしにとって東京·国立の「紀ノ国屋」は食材のワンダーランドだった。初めてヨーロッパの食材を手にしたのもこの店で、なかでもイタリアのトマトの水煮の缶詰は気に入りだった。当時よくつくったのが、これ。輪切りの玉ねぎと鶏肉を交互に重ね、潰したトマトとオリーブオイルをかけてことこと煮るだけ。途中でオリーブを入れると、ぐっとこくが出た。外国の雑誌で見つけた家庭料理は、それまで18年間味わったことのない豊満な味がした。

三色弁当

娘が育ち盛りのころ、困ったときの神頼みが三色弁当。弁当箱にごはんを敷き、うえに鶏そぼろ、炒り卵、塩ゆでの絹さや。「いつ食べてもおいしい。ちっとも飽きないの」。娘の言葉に甘えて、数え切れないほどこしらえた。「友だちに人気で、今日はお弁当をまるごと取り替えてあげた」などと言われれば、また張り切っておなじものをつくった。

ムール貝の蒸しもの

20〜30代はアジア各国に足繁く通って未知のスパイスやハーブ、調味料に次々出合い、味覚の幅がおおきく広がった。たとえばタイ料理のホイメンプーオプ（ムール貝の蒸しもの）。レモングラスやバイマックルート（コブミカンの葉）といっしょに蒸すと、えもいわれぬ複雑な風味と香りが生まれることを学んだ。ナムプラーとレモン汁、粉唐辛子を合わせたたれをつけて食べる。

料理説明&レシピ

こんなものを食べてきた　p.010～

チキンライス

炒めたごはんにケチャップを回しかけて混ぜると、母の握るフライパンのなかがまっ赤に染まる。その瞬間を見るのが好きでたまらなかった。おとなになって自分でつくるときも、どきどきして浮き足立つ。中身もこどものころとまったくおなじ。鶏肉、にんじん、玉ねぎ。そしてグリーンピースは陰の主役！

ちらしずし

母のつくるちらしずしは倉敷の「祭りずし」。えび、しいたけ、酢ばす、ごぼう、かんぴょう、錦糸卵、でんぶ、さわらの酢〆、絹さや……何種類も具を重ね、堂々たる華やかさ。何度も挑戦してみるけれど、あのこなれた味にはまだまだ遠いことを思い知る。母の年季には、いくつになっても追いつくことができない。

茶通人
東京都港区南青山5-10-17
電話　03-3498-5300

茶香房　長竹
京都府京都市中京区先斗町
三条下ル材木町189
電話　075-213-4608

栗きんとん／「すや」
岐阜県中津川市新町2-40
電話　0573-65-2078
　　　0573-66-2636

麺をつるつるっ　p.192

お食事処 やまびこ
京都府京都市中京区丸太町通
西洞院東入ル田中町122
電話　075-231-5477

日の出うどん
京都府京都市左京区南禅寺
北ノ坊町36
電話　075-751-9251

蒸しもの名人になりたい　p.200

馳走　啐啄
東京都中央区銀座6-7-7
浦野ビル2F
電話　03-3289-8010

炭を熾す　p.216

珪藻土コンロ／「(有) 丸和工業」
石川県珠洲市正院町
平床立野部26
FAX　0768-82-5403

炭／「(株)白鳥」
東京都渋谷区恵比寿1-13-10
電話　03-3444-2251

本書に登場した道具・店舗の問い合わせ先

(2011.10 現在)

漆と別れる、出合う p.035

赤木明登うるし工房
石川県輪島市三井町内屋
ハゼノキ 75
電話 0768-26-1922

飲みたい気分 p.050

神亀酒造
埼玉県蓮田市馬込 1978
電話　048-768-0115

竹鶴酒造
広島県竹原市本町 3-10-29
電話　0846-22-2021

ぴしり、塩かげん p.084

能登のはま塩／
「揚げ浜塩田 角花豊」
石川県珠洲市清水町 1-58
電話　0768-87-2857

おいしいごはんが炊きたい p.099

文化鍋／「東急ハンズ　渋谷店」
電話　03-5489-5111

韓国の石鍋／「韓国広場」
電話　03-3232-5400

ル・クルーゼ／
「ル・クルーゼ ジャポン」
電話　03-3585-0197

釜炊き三昧／「ウルシヤマ金属」
電話　0256-72-3201

黒楽御飯鍋／「雲井窯」
電話　0748-83-1300

信楽黒釉飯釜(麻布の割烹で使用)
／「マックアンドサンク」
電話　03-3400-5750

お茶にしましょ p.168

開化堂
京都府京都市下京区河原町
六条東入梅湊町
電話　075-351-5788

解説　五感の閉じ方・開き方

梨木香歩

十代の頃、山の中で暮らした。

二階の私の部屋には三方に窓があり、夜、街灯のない山の中は、月の光が庭先やなだらかに傾斜してゆく森の上層部を、銀板のような明るさで満たした。南九州の森の木々には、厚い葉を持つ照葉樹が多い。その当時翻訳の外国文学が好きだったので、エゾマツやトウヒ、シラカバなどの立ち並ぶ北の国の植生と、自分の周りのほの暗い照葉樹林との違いが、何とも越えがたい現実の障壁として私の日常に立ちはだかっていた。

だがあるとき、しんと明るく清澄《せいちょう》な秋の夜、月の光で照葉樹の葉の一枚一枚が無数の白銀に輝き渡り、それがどこまでも続いていくのを見た。とても現実とは思えないような光景で、私は自分が照葉樹に取り囲まれていることを幸福に思った。

そういう夜、屋根に上って本を読むのがその頃の私のひそかな楽しみだった。月明かりで本を読む、という非現実的なアイディアは、さて、何から思いついたのだったか、いずれ何かで読んだ本から私の頭に入ってきたものだったに違いないのだが、具体的に何というタイトルのものだったのかは思い出せない。雰囲気だけの、実現性のないたわ言のように聞こえるが、いくつかの条件が重なれば可能なことなのである。ただし年中できるわけではない。そして都会では無理だ。山奥の、初秋の満月の夜、月が一番高く上がったとき、比較的大きい活字の本ならそれが可能になる。文庫も無理だ（やってみたけど）。凍るような冬の月でも可能そうだが、なにしろ寒いので試したことはない。南九州といっても、晩秋になると特に山の中はかなり冷える。初秋だって日が暮れれば体に夜露が降りる。つまり、冷える。期間と時間限定のぜいたくなのである。それに今ならかなり目に負担もくるだろうから、やはりあれは若さが可能にしたぜいたくでもあったのだろう。

それがあれほど好きだったのは、自分の五感が不思議な開かれ方をしていく、そのせいだったと思う。

そういう月の夜でなくても、真夜中、というのは心を流れる時間の質と密度が昼間と違う。鋭角的な率直さをもって深くしっかり進んでいくのが分かる。だから夜中に一人でする作業は、そのまま自分の内側に心地よい深さを刻んでいく。特別に静かな夜は、読む本も厳選したいし、深く考えなければならないことは、この時間に行うに限る。

一日中真夜中だったらいいのに、と、社会の運行に責任のない十代の私はよく考えた。そして、原稿が書けるのはこの時間帯だけ、というのは、だから、十代から長い間続いた私の思い込みだった。

もちろん、たまに早起きした朝の清々《すがすが》しさや、「まったく手つかずの午前」をスタートする気持ち良さもまた、格別のものだ。体中が、今日という日の新しい情報を得ようと浮き立っている。日常生活の醍醐味《だいごみ》である。それに比べると、真夜中に集中して行う何かには、非日常的な色合いが強い。

原稿書きを生業《なりわい》にするようになって、私はますます「一日中真夜中だったらいいのに」と思うことが多くなった。あるとき、何かの拍子に、そうだ、真夜中に特有の、この「覚醒《かくせい》」を、昼間でも自分のものにすればいいのだと開き直った。そんなこと、絶対に無理だと思われたが、これがけっこう可能なのである。五感を、意識して開いておくのである。とりとめもない現実の外界へでなく（そちらへ向かっては、むしろ閉じる）、今、心が向かっている世界へである。でも、そういうことをもっと日常の、具体的な言葉で言えないだろうか。

話はがらりと、本当にがらりと変わるけれど、一度信頼関係ができた美容師のところへは、よほどのことがない限り通い続ける、というのは私に限らず多くの女性のもつメンタリティだ。関西にいたころ私が通っていた美容室は「体にいい」ということにとても積極的で、お客とスタッフの間にも節度を保った親身な空気の漂う、つまりとてもリラックスできるところだったので、東京にいることが多くなっても、できるだけそこへ通うようにしていた。駅に近いので東京への往復にも便利だった。が、とうとう家そのものを引っ越し、どう考えてもこれからはなかなか来られなくなるだろうという現実に直面したとき、私は美容師のIさんに、彼女の信頼する東京の美容師を紹介してもらうことにした。そうすることで、彼女との縁は切れないし、またその美容室を再訪したとき、前回から連続した気分も持てる。何というか、いつも定期的に会っていた彼女たちと、もう頻繁には会えなくなるというのは、やはりつらく悲しいことなのである。

紹介してもらったFさんは、年齢は私とそんなに変わらないのに少年のようにさわやかな印象の方だった。Iさんが先生と呼んでいたので、実はどんなにいかめしそうな方だろうと思っていたが、プロ意識の高い彼女の推薦する方だけあって、純粋にその技術に対して「先生」と呼んでいたのだろうと分かった。で、そのFさんが、私の髪を切りながら、最近「めったにない体験をしたんです」と話してくれた。それが次に述べる話。

彼の育った家は、お父様が兄弟と建てたセミ・デタッチドハウス。壁一枚共有して二軒の家がくっついている形である。といってもその二軒は、玄関も、内部構造も異なる。二十年くらい前、Fさんの家だけ改築することになり、そのとき隣と共有する側の壁に、開かずの窓、みたいなものが出来た。普段はその前に物を置くなどして開けられないようになっており、また誰も開けようともしないし、開けたこともなかった。Fさん自身も家を出て独立していたし、家族のメンバーにも変化があり、自然とその家自体とは疎遠《そえん》にもなる。

最近になって再び改築する話が持ち上がり、Fさんも久しぶりで実家をおとずれ、みんなで、そうだ、この際この窓を開けてみようか、という展開になった。

開けてみると、

「息が止まるかと思うほどびっくりしました」

そこには前回の改築前の、Fさんが子ども時代を過ごした世界があった。今ではもうない、当時のままの、居間から台所へ続く砂壁があり、じっくり見ていけば、自分がいたずらして落書きした跡も見つかっただろうと思うほど。当時使っていた壁かけ式のエアコンまでかかっていた。他の家族の手前、「へえ、残ってたんだ」と平静を装《よそお》ったが、本人曰《いわ》く「内心心臓がひっくりかえりそうなショック」。

改築した当時の大工さんが、共有の壁はいじることができないと決断、それをそのまま残し、新たにこちら側に壁を作っていたということらしい。

子ども時代を振り返ると、誰にでも無力な子どもであった切なさの記憶がある。Fさんとしてはとうの昔に置いてきたはずの、「ありえない」世界が忽然《こつぜん》と現れたそのショック。夢を見ているのか、窓の向こう側に（幅五、六十センチほどだったらしいが）入ってしまえば、この家を出て成人してから今までのことが夢で、あっちの居間の砂壁が現実のような、奇妙な感覚。現実の足場が揺らぐ。

Fさんの中ではこのとき、無意識のうちに当時のにおいや音、砂壁の触感にたぶん好きなおやつの味までいっせいに蘇《よみがえ》ったのではないだろうかと思う。五感が不思議な研ぎ澄まされ方をし、現実ではない世界に向けて、日常ではありえない「開かれ方」をしていたのだろうと思う。が、やはり道具立てが整わなければ、ここまで強烈な体験はめったにできるものではない。

五感が刺激される、ということで言えば、私は平松洋子さんの文章をいつも、ぷりぷりと活《い》きがよくておいしそう、と思っていた。十年ほど前、彼女は電子レンジと決別する。

「……さあ張り切るまいことか。四角い箱のお世話になりっ放しだったシュウマイを、竹の蒸籠《せいろ》で蒸《ふ》かしてみた。『うわっ』。練った粉末に牛乳を注いでカップごとチンしていたココアを、小鍋《こなべ》でゆっくり練りながら沸かして飲んでみた。『おおっ』。味が、おいしさが、全然違った。

台所仕事は、手間をかければよいというのではない。やみくもに昔に戻ろうとも思わない。ましてや不便なほうがいいなんて、ちっとも。しかし、子育てが終わりかけてからさかんに台所でかんがえるようになりました。自分の手の感覚や嗅覚《きゅうかく》や聴覚や、つまりは五感をもっと使って料理をしたい。台所に立つことを十二分に楽しんでみたい——そんな思いがふつふつと、そして切実に湧《わ》き上がってきたのだった。」

——平松洋子『夜中にジャムを煮る』（新潮社）

『夜中にジャムを煮る』は、平松さんの最近の著書である。体験に裏打ちされた実用的な情報の数々（和洋のだしの取り方やお茶の淹《い》れ方、等々）と、臨場感にあふれたリズミカルな文章で、脳の中がまんべんなく活性化され、読後、不思議な満腹感が味わえる。「夜中にジャムを煮る」って本当にセンスのいいタイトルだ。

「……世界がすっかり闇《やみ》に包まれて、しんと音を失った夜。さっと洗ってへたをとったいちごをまるごと小鍋に入れ、砂糖といっしょに火にかける。ただそれだけ。すると、夜のしじまのなかに甘美な香りが混じりはじめる。暗闇と静寂のなかでゆっくりとろけてゆく果実をひとり占めにして、胸いっぱい幸福感が満ちる。……」　――同

モノクロの画面に一ヶ所だけ赤い色彩が映える、そういう映画の一シーンのように、世界がしんと静まって、すべての雑音が消える真夜中、ジャムを煮る音とにおいに五感が集中する。そのきりきりとした心地よさ。本文はそれから、翌朝出来上がったジャムを味わう至福に移っていく。この夜中の不思議な時間の流れ方の描写に私はとても共感した。

真夜中の台所でぐつぐつと変化してゆく真っ赤な苺《いちご》を見つめる、その心もちを、た

とえば真昼のスクランブル交差点を渡っているとき、ふと引き寄せて、空を仰ぐ。わずかに見える都会の空に浮かぶ雲の種類から、その雲と自分との間の距離を測ってみたりする。刷毛《はけ》ではいたような巻雲なら、一万メートルほど。そこには西風が吹いている。

五感を、喧騒《けんそう》に閉じて、世界の風に開く。

（作家）

〔編集部注　平成二十二年十二月に刊行された『不思議な羅針盤』（文化出版局刊）に収録の「五感の閉じ方・開き方」の全文を再録しました。〕

この作品は二〇〇八年二月新潮社より刊行された。

平松洋子著

おいしい日常

おいしいごはんのためならば。小さな工夫から愛用の調味料、各地の美味探求まで、舌が悦ぶ極上の日々を大公開。

平松洋子著

平松洋子の台所

電子レンジは追放！　鉄瓶の白湯、石釜で炊くごはん、李朝の灯火器……暮らしの達人が綴る、愛用の台所道具をめぐる59の物語。

平松洋子著

おとなの味

泣ける味、待つ味、消える味。四季の移り変わりと人との出会いの中、新しい味覚に出会う瞬間を美しい言葉で綴る、至福の味わい帖。

平松洋子著

焼き餃子と名画座
―わたしの東京　味歩き―

どじょう鍋、ハイボール、カレー、それと……。あの老舗から町の小さな実力店まで。山の手も下町も笑顔で歩く「読む味散歩」。

平松洋子著

味なメニュー

老舗のシンプルな品書きから、人気居酒屋の日替わり黒板まで。愛されるお店の秘密をメニューに探るおいしいドキュメンタリー。

稲垣栄洋著

一晩置いたカレーはなぜおいしいのか
―食材と料理のサイエンス―

カレーやチャーハン、ざるそば、お好み焼きなど身近な料理に隠された「おいしさの秘密」を、食材を手掛かりに科学的に解き明かす。

三浦哲郎著
忍ぶ川
芥川賞受賞作
貧窮の中に結ばれた夫婦の愛を高らかにうたって芥川賞受賞の表題作ほか「初夜」「帰郷」「団欒」「恥の譜」「幻燈画集」「驢馬」を収める。

三浦哲郎著
ユタとふしぎな仲間たち
都会育ちの少年が郷里で出会ったふしぎな座敷わらし達――。みちのくの風土と歴史への思いが詩的名文に実った心温まるメルヘン。

田辺聖子著
姥ざかり
娘ざかり、女ざかりの後には、輝く季節が待っている――姥よ、今こそ遠慮なく生きよう、76歳〈姥ざかり〉歌子サンの連作短編集。

田辺聖子著
文車日記
古典の中から、著者が長年いつくしんできた作品の数々を、わかりやすく紹介し、そこに展開された人々のドラマを語るエッセイ集。

田辺聖子著
朝ごはんぬき?
三十一歳、独身OL。年下の男に失恋して退職、人気女性作家の秘書に。そこでアラサー女子が巻き込まれるユニークな人間模様。

田辺聖子著
孤独な夜のココア
心の奥にそっとしまわれた甘苦い恋の記憶を、柔らかに描いた12篇。時を超えて読み継がれる、恋のエッセンスが詰まった珠玉の作品集。

室生犀星著
杏っ子
読売文学賞受賞
野性を秘めた杏っ子の成長と流転を描いて、父と娘の絆、女の愛と執念を追究し、また自らの生涯をも回顧した長編小説。晩年の名作。

福永武彦編
室生犀星詩集
幸薄い生い立ちのなかで詩に託した赤裸々な告白——精選された187編からほとばしる抒情は詩を愛する人の心に静かに沁み入るだろう。

泉　鏡花著
歌行燈・高野聖
淫心を抱いて近づく男を畜生に変えてしまう美女に出会った、高野の旅僧の幻想的な物語「高野聖」等、独特な旋律が奏でる鏡花の世界。

泉　鏡花著
婦系図
『湯島の白梅』で有名なお蔦と早瀬主税の悲恋物語と、それに端を発する主税の復讐譚を軸に、細やかに描かれる女性たちの深き情け。

山田太一著
異人たちとの夏
山本周五郎賞受賞
あの夏、たしかに私は出逢ったのだ。懐かしい父母との団欒、心安らぐ愛の暮らしに——。感動と戦慄の都会派ファンタジー長編。

谷川俊太郎著
夜のミッキー・マウス
詩人はいつも宇宙に恋をしている——彩り豊かな三〇篇を堪能できる、待望の文庫版詩集。文庫のための書下ろし「闇の豊かさ」も収録。

佐野洋子著　がんばりません

気が強くて才能があって自己主張が過ぎる人。あの世まで持ち込みたい恥しいことが二つ以上ある人。そんな人のための辛口エッセイ集。

佐野洋子著　シズコさん

私はずっと母さんが嫌いだった。幼い頃からの母との愛憎、呆けた母との思いがけない和解。切なくて複雑な、母と娘の本当の物語。

川上弘美著　なめらかで熱くて甘苦しくて

それは人生をひととき華やがせ不意に消える。わきたつ生命と戯れながら、恋をし、産み、老いていく女たちの愛すべき人生の物語。

川上弘美著　ざらざら

不倫、年の差、異性同性その間。いろんな人に訪れて、軽く無茶をさせ消える恋の不思議。おかしみと愛おしさあふれる絶品短編23。

川上弘美著　古道具 中野商店

てのひらのぬくみを宿すなつかしい品々。小さな古道具店を舞台に、年の離れた4人のもどかしい恋と幸福な日常をえがく傑作長編。

川上弘美著　ニシノユキヒコの恋と冒険

姿よしセックスよし、女性には優しくこまめ。なのに必ず去られる。真実の愛を求めさまよった男ニシノのおかしくも切ないその人生。

さがしもの　角田光代著

「おばあちゃん、幽霊になってもこれが読みたかったの?」運命を変え、世界につながる小さな魔法「本」への愛にあふれた短編集。

しあわせのねだん　角田光代著

私たちはお金を使うとき、べつのものも確実に手に入れている。家計簿名人のカクタさんがサイフの中身を大公開してお金の謎に迫る。

くまちゃん　角田光代著

この人は私の人生を変えてくれる? ふる／ふられるでつながった男女の輪に、恋の理想と現実を描く共感度満点の「ふられ小説」。

放課後の音符《キイノート》　山田詠美著

大人でも子供でもないもどかしい時間。まだ、恋の匂いにも揺れる17歳の日々――。放課後にはじまる、甘くせつない8編の恋愛物語。

ぼくは勉強ができない　山田詠美著

勉強よりも、もっと素敵で大切なことがあると思うんだ。退屈な大人になんてなりたくない。17歳の秀美くんが元気溌剌な高校生小説。

蝶々の纏足・風葬の教室　山田詠美著
平林たい子賞受賞

私の心を支配する美しき親友への反逆。教室の中で生贄となっていく転校生の復讐。少女が女に変身してゆく多感な思春期を描く3編。

家守綺譚

梨木香歩著

百年少し前、亡き友の古い家に住む作家の日常にこぼれ出る豊穣な気配……天地の精や植物と作家をめぐる、不思議に懐かしい29章。

ぐるりのこと

梨木香歩著

日常を丁寧に生きて、今いる場所から、一歩一歩確かめながら考えていく。世界《ぐるり》と心通わせて、物語へと向かう強い想いを綴る。

西の魔女が死んだ

梨木香歩著

学校に足が向かなくなった少女が、大好きな祖母から受けた魔女の手ほどき。何事も自分で決めるのが、魔女修行の肝心かなめで……。

からくりからくさ

梨木香歩著

祖母が暮らした古い家。糸を染め、機を織る、静かで、けれどもたしかな実感に満ちた日々。生命を支える新しい絆を心に深く伝える物語。

春になったら苺を摘みに

梨木香歩著

「理解はできないが受け容れる」――日常を深く生き抜くことを自分に問い続ける著者が、物語の生れる場所で紡ぐ初めてのエッセイ。

冬虫夏草

梨木香歩著

姿を消した愛犬ゴローを探して、綿貫征四郎は家を出た。鈴鹿山中での人人や精たちとの交流を描く、『家守綺譚』その後の物語。

夜《よ》中《なか》にジャムを煮《に》る

新潮文庫　ひ-24-5

平成二十三年十二月　一　日　発　行
令和　四　年　六　月　三十日　六　刷

著　者　平《ひら》松《まつ》洋《よう》子《こ》

発行者　佐藤隆信

発行所　株式会社新潮社

郵便番号　一六二―八七一一
東京都新宿区矢来町七一
電話 編集部(〇三)三二六六―五四四〇
読者係(〇三)三二六六―五一一一
http://www.shinchosha.co.jp

価格はカバーに表示してあります。

乱丁・落丁本は、ご面倒ですが小社読者係宛ご送付ください。送料小社負担にてお取替えいたします。

印刷・大日本印刷株式会社　製本・株式会社大進堂

ISBN978-4-10-131655-0 C0177